1ª edição — Outubro de 2025

Coordenação editorial
Ronaldo A. Sperdutti

Projeto gráfico e diagramação
Juliana Mollinari

Capa
Juliana Mollinari

Assistente editorial
Ana Maria Rael Gambarini

Revisão
Érica Alvim
Alessandra Miranda de Sá
Enrico Miranda

Impressão
Lis gráfica

Av. Porto Ferreira, 1031 | Parque Iracema
CEP 15809-020 | Catanduva-SP
17 3531.4444 | 17 99257.5523

www.**petit**.com.br | petit@petit.com.br
www.**boanova**.net | boanova@boanova.net

Dados Internacionais de Catalogação na Publicação (CIP)
(Câmara Brasileira do Livro, SP, Brasil)

Carlos, Antônio (Espírito)
Por que me tornei espírita / [pelo espírito Antônio Carlos ; [psicografado por] Vera Lúcia Marinzeck de Carvalho. -- Catanduva, SP : Petit Editora, 2025.

ISBN 978-65-5806-073-4

1. Romance espírita I. Carvalho, Vera Lúcia Marinzeck de. II. Título.

25-300319.0 CDD-133.9

Índices para catálogo sistemático:

1. Romance espírita : Espiritismo 133.9

Eliane de Freitas Leite - Bibliotecária - CRB 8/8415

Impresso no Brasil — Printed in Brazil
1-10-25-7.000

Prezado(a) leitor(a),

Caso encontre neste livro alguma parte que acredita que vai interessar ou mesmo ajudar outras pessoas e decida distribuí-la por meio da internet ou outro meio, nunca deixe de mencionar a fonte, pois assim estará preservando os direitos do autor e, consequentemente, contribuindo para uma ótima divulgação do livro.

POR QUE ME TORNEI ESPÍRITA

VERA LÚCIA MARINZECK DE CARVALHO

De ANTÔNIO CARLOS e ESPÍRITOS DIVERSOS

petit® editora

Sumário

Capítulo 1

MEDIUNIDADE DE PREMONIÇÃO

— Silvana, não faça isso, meu bem — era o que eu ouvia sempre de minha mãe.

Dessa vez foi porque falei para uma prima, brincávamos no quintal de minha casa, que o pai dela ia morrer logo. Mamãe ultimamente estava sempre atenta a mim, aproximou-se e tentou explicar para minha prima porque ela me olhava assustada.

— Querida, Silvana quis dizer que todos nós iremos morrer, mas ninguém agora. Seu pai irá falecer bem velhinho.

— É... — minha prima expressou e me olhou.

Mamãe estava nervosa.

— É... Vamos pular cordas? — perguntei.

— Vou para casa! — exclamou minha prima.

Mamãe tentou novamente explicar para minha prima, ela não queria que sua sobrinha fosse embora impressionada. Mas ela não quis mais brincar e foi embora. Minha mãe conversou comigo, talvez pela décima vez.

— Silvana, por favor, já lhe pedi tantas vezes para não falar o que vê ou pensa ver. Logo não terá mais amiguinhas, ninguém para brincar. As pessoas têm medo de você. Por favor, filha!

Mamãe estava triste. Aborrecida, não sabia o que fazer.

— Foi espontâneo. Veio na minha mente e falei — tentei me justificar.

— Se vem à mente, guarde para você, não fale. Com certeza, logo minha irmã estará aqui para se queixar.

De fato, vinte minutos depois minha tia foi em casa, conversou com mamãe e foi embora zangada. Eu escutei algumas frases: "Sua filha é doente mental, louca, não a quero mais brincando com meus filhos"; "Minha filha está chorando"; "Pior que eu também estou assustada".

Mamãe chorou.

Eu estava com oito anos e, desde que começara a falar, o fazia certo, falava corretamente; comecei com as minhas previsões como: "Coitado daquele passarinho, o gato irá comê-lo"; "Mamãe, meu irmão caiu da bicicleta, arrume-se para levá-lo ao hospital, mas não se assuste, ele somente se machucou"; "Mamãe, você esqueceu o doce no fogo"; "Papai, o senhor irá ser promovido"; ou: "Cuidado, papai, aquela moça está querendo o senhor". De fato, foram muitas as vezes em que minhas falas se provaram verdadeiras, realmente aconteciam, mas as que chamavam atenção eram as desagradáveis, como quando falei para um tio: "A moça com quem está saindo pensa em prendê-lo com um filho". Foi uma confusão, minha tia procurou saber e de fato meu tio estava se encontrando com uma moça; minha tia quis se separar dele, a família toda se alvoroçou, se intrometeram, e eles não se separaram.

Minha mãe foi chamada à escola várias vezes e as reclamações sobre mim eram que eu sempre dizia coisas desagradáveis.

Mamãe não queria me castigar, somente conversava, mas eu estava sendo um problema, e dos grandes.

Meu tio, o que havia visto, pai de minha prima, o que falei que ia morrer, desencarnou; sofreu um ataque, deve ter passado mal enquanto dirigia, saiu da pista, bateu num caminhão e mudou de plano. Pior que minha tia disse que eu era culpada, que desejara isso. Mamãe chorou, eu chorei, não queria ser culpada.

Uma prima de minha mãe quis ajudar e de fato ajudou. Ela foi em casa, conversou com mamãe e a aconselhou a me levar para benzer num centro espírita, receber passes.

Mamãe já fizera muitas coisas, como me pôr para dormir nos pés da cama, me dar chás e outras coisas que não tinham sentido. Nada dera certo.

Fomos ao centro espírita, meus pais e eu. Papai conhecia algumas pessoas que frequentavam essa casa espírita. Fomos bem recebidos, mamãe contou a eles o que acontecia comigo. Eles me deram passe e recomendaram que eu fosse a outro centro espírita, porque lá eles eram mais estudiosos e me ajudariam.

Mamãe me levou, eu estava com oito anos; não sabia, não entendia o que acontecia comigo, vinham fatos à minha mente e eu falava.

Nesse centro fiz um tratamento, eles me davam passes, recebia a boa energia deles. Melhorei e, como eles sempre conversavam comigo, me orientando, aprendi a me calar, a não falar coisas que vinham à mente. Também me esforçava, porque sabia que mamãe se chateava, ficava triste se eu falasse, e porque estava sendo deixada de lado. De fato, pequena, com nove anos, foi que parei de falar. Mas continuei a ver, era espontâneo. Estava distraída, brincando ou fazendo tarefas e via, às vezes bastava olhar para uma pessoa e ver o que acontecia com ela, ou o que ia acontecer. Mamãe me entendia, eu ficava quieta por momentos, às vezes mordia meus lábios, ela sabia que eu vira alguma coisa; às vezes comentava com mamãe, outras ficava somente para mim.

Minha vida melhorou, mamãe já não se preocupava comigo como antes, não houve mais reclamações na escola e tive outras amiguinhas.

— Mamãe — contei —, hoje na escola sumiu uma quantia de dinheiro de uma professora. Eu vi quem pegou, foi uma coleguinha, mas ela fez isso porque precisava comprar um remédio para o pai dela, que está doente. Eu não falei.

— Isso, filha, fez bem em não falar — mamãe me elogiou.

Mamãe procurou saber quem era essa minha coleguinha; ela e minhas tias fizeram uma compra grande de alimentos e levaram para essa família. Minha mãe disse que ficou sabendo das dificuldades deles por vizinhos. O centro espírita passou a ajudar essa família.

— Silvana — pediu uma vizinha —, vim aqui para você me dizer se meu marido está me traindo e com quem.

— Ela não faz mais isso! — expressou minha mãe.

— Como não? — insistiu a vizinha. — Silvana faz isso, sim. Diga-me, querida, o que perguntei.

— Não! — respondi. — Não vejo nada!

— Desde que passamos a frequentar o centro espírita, Silvana não vê mais nada. Por favor, deixe a menina em paz — pediu mamãe.

— Esses espíritas não têm o que fazer. Por que não a deixaram como era? — a mulher resmungou e foi embora.

— Mamãe — comentei —, eu vi, o marido dela tem outra, mas será ele quem irá contar, porque ele irá ficar com uma moça.

— Que bom que não falou, filhota! Estou contente por você estar se dominando. É isso, Silvana: quando vir, não fale. Essa vizinha era das pessoas que a criticavam, chegou a falar que você era doente, louca, mas agora que precisa veio aqui pedir para que você visse algo para ela. Muitas pessoas fazem isso, criticam, mas, quando precisam, torna-se certo o que antes julgavam ser errado.

Esforçava-me muito para não ver e, se visse, não falar; se falava, ficava muito chateada comigo.

Quis receber ajuda e o grupo espírita me ajudou: passei a ir ao centro espírita duas vezes por semana e, adolescente, passei a frequentar o grupo de estudo. Li muito sobre mediunidade. Até decorei uns textos que Allan Kardec escreveu sobre mediunidade. Em *O Evangelho segundo o Espiritismo*, no capítulo vinte e oito, item nove: "Os médiuns são os intérpretes incumbidos de transmitir aos homens os ensinos dos espíritas, ou melhor, são os órgãos materiais de que se servem os espíritos para se expressarem aos homens por maneira inteligível". "Médium (do latim, é meio, intermediário): Pessoa que pode servir de intermediária entre os espíritos e os homens", em *O livro dos médiuns*, parte dois, capítulo catorze, item cento e cinquenta e nove. "Médium de pressentimentos: Algumas pessoas têm essa faculdade mais ou menos desenvolvida", em *O livro dos médiuns*, parte dois, capítulo quinze, item cento e oitenta e quatro. "Médiuns de pressentimentos: pessoas que, em dadas circunstâncias, têm uma intuição vaga de coisas vulgares que ocorrerão no futuro", em *O livro dos médiuns*, parte dois, capítulo dezesseis, item cento e noventa. "Pessoas há que, em dadas circunstâncias, têm uma imprecisa intuição das coisas futuras. Essa intuição pode prover de uma espécie de dupla vista, que faculta se entrevejam as consequências das coisas presentes, mas, doutras vezes, resulta de comunicações ocultas", em *Obras Póstumas*, parte um, "Manifestações dos espíritos", item quarenta e oito, "Médiuns de pressentimentos". Este capítulo estudei muito e, como todas as obras de Allan Kardec, muito me auxiliou.

A equipe de trabalhadores do centro espírita, desde a primeira vez em que fui, não viu desencarnados perto de mim. Concluíram acertadamente que eu tinha em potencial a mediunidade de pressentimento. Resolveram que deveria sempre receber o passe e ficaram atentos a mim. Adulta, ao ler *O livro dos médiuns*, me deparei com a questão cento e setenta e um: "A faculdade de ver os espíritos pode, sem dúvida, desenvolver-se, mas é uma das que convêm esperar o desenvolvimento natural, sem provocar, em não se querendo ser joguete da própria imaginação. Quando o germe de uma faculdade existe, ela se manifesta de si mesma". Ajudada, tudo aconteceu para mim naturalmente. Recebi um grande auxílio.

Adolescente, aprendi a me controlar e a não falar o que via ou sentia e, trabalhando, após um estudo, na equipe de orientação a desencarnados, a desobsessão, passei a ver bem menos. Porque usava minha energia para ser útil. Gostei demais desse trabalho. Pensava: se eu estivesse desencarnada vagando, gostaria de ser orientada e socorrida. Então fazia aos outros o que gostaria que me fizessem. Se eu estivesse fazendo maldades e alguém me barrasse, me mostrasse que é errado, estaria me impedindo de plantar mais a erva ruim. Que bem enorme estaria me fazendo! Então estava fazendo ao outro o que queria que fizesse a mim. Fazia esse trabalho com muito amor e dando o melhor de mim.

Terminei o estudo médio, fui fazer uma faculdade, curso de contabilidade em outra cidade, íamos e voltávamos de van, ia com um grupo de estudantes.

Às vezes, mais o meu irmão, tinha um irmão e uma irmã, me perguntava alguma coisa como: "Essa namorada está sendo sincera?"; "Gosta de mim?"; "Irá dar certo esse emprego?". Normalmente, quando indagada, eu via, mas não falava e explicava: "Não vejo mais nada". Meu irmão reclamava: "Era melhor quando via, podia me ajudar". Uma vez, prevendo algo de ruim, pedi para meu irmão não ir ao jogo. Ele me olhou, pensou e não foi. Um foguete, fogos de artifício, estourou onde com certeza meu irmão estaria sentado. Três amigos dele se feriram.

Não era uma moça muito bonita, mas também não era feia, e teve muitos rapazes querendo me namorar. Um amigo do meu irmão insistiu; conversando com ele, vi que esse rapaz pensava: "Silvana poderá me dizer os números sorteados do jogo e, se eu ganhar , ficarei rico". Cheguei a estremecer, dei uma desculpa, me afastei dele e não quis mais conversar com esse moço. Isso nunca me passara pela mente e ainda bem que minha família nunca me fez um pedido assim. Chorei sentida. Outro pretendente, pensei que era mais sério, conversamos, e aí vi os pensamentos dele, que eram muito sexuais. Cheguei a corar. Afastei-me dele e resolvi não namorar, a não ser que encontrasse alguém especial. E encontrei, no grupo de estudos do centro espírita. Porém, conversando com ele, veio à minha mente: "Ele não merece sofrer por mim". Depois, em casa, pensei muito, esforcei-me e não vi, senti mais nada. Afastei-me dele. Foi somente depois que entendi, ao desencarnar, que, se ficasse com ele, o teria feito sofrer naquele momento. Com toda a certeza foi a melhor opção.

Formei-me, porém concluí que escolhera errado o meu estudo, não queria trabalhar com contabilidade. Procurei um trabalho que gostaria de fazer, então estudei e passei para ser servidora municipal, trabalharia numa secretaria, num local de atendimento de pessoas com problemas. Gostei porque, além do meu trabalho, o fazia bem-feito, estava sempre resolvendo problemas dos atendidos, como ajudá-los com as documentações, verificar onde deveriam ir, explicar o que tinha de ser feito.

Estive sempre presente na casa espírita e tentando cada vez mais ser útil à casa. No meu trabalho, estava sempre vendo fatos e por isso passei a ser mais útil. Conversava com as pessoas no atendimento; vendo, de fato, o que acontecia, era mais fácil aconselhar e ajudar. E, se sentia alguém com vontade de morrer, me desdobrava em atenção e carinho para com ele.

Vovó deu sua opinião sobre mim:

— Você, Silvana, está agora sossegada.

Sorri em resposta, pensei no que vovó me falara e concluí que estava de fato sossegada; não no sossego da inércia, mas sim tranquila interiormente, ou seja, espiritualmente. Não estava sem fazer nada, fazia o bem para muitas pessoas encarnadas e desencarnadas no trabalho de que participava de orientação a desencarnados. Eram essas tarefas que me davam a tranquilidade que vovó julgou como estar "sossegada".

Para muitas pessoas, "viver sossegada" é estar na preguiça, estar vivendo no "nem-nem", ou seja, não faz o mal nem o bem, porém, agindo assim, se corre o risco de ficar parado na estagnação. Vovó, penso que, assim como muitos familiares, pessoas que me conheciam, me julgava, nesse período de minha vida, calma. De fato, estava bem, porque estava cumprindo o que propusera; porque, fazendo o bem para outros, o fazia para mim. Sentia plantar a boa semente, que me alimentava, e também dava, da minha plantação, alimentos para outras pessoas. Queria ajudar as pessoas as fazendo ver a verdade, dando consolo e esclarecimento. Certo é que, quando acendemos a luz em nós, clareamos o chão para o próximo, para que ele caminhe mais seguro. O bom exemplo é a melhor forma de ensinar. Fixei bem essa conclusão e fiz desse ensinamento uma meta de vida.

Não quis namorar, me sentia bem, contente com o que fazia. Esforçava-me e era boa filha, irmã, tia, colega de trabalho e o principal: uma boa espírita.

Um dia, pela manhã, uma moça, tinha vinte e três anos, estava ali para um tratamento de um de seus filhinhos, era mãe de dois garotos. Eu a ajudei a arrumar todos os papéis para ela receber um auxílio. A moça estava preocupada, ela me contou que se separara do companheiro porque ele a surrava, que estava morando com sua mãe e que trabalhava fazendo faxinas. Estava com medo porque o ex-companheiro, pai de seus filhos, ameaçava matá-la.

Com os papéis prontos ela saiu, ia embora. De repente, eu me apavorei, vi que a moça corria perigo; levantei apavorada e corri para a saída. Vi a moça passando pela área em frente do prédio, se dirigindo à rua. Tudo foi muito rápido; aproximei-me e a vi apavorada; o seu ex-companheiro estava a nossa frente com uma arma na mão e a apontando. Eu pedi:

— Moço, por favor, não faça isso!

A moça implorou:

— Não! Pelo amor de Deus! Pense em nossos filhos!

Ele estava determinado. Eu fiquei na frente dela, querendo protegê-la. Ele atirou duas vezes em mim, depois deu dois tiros nela e correu. Caímos lentamente no chão; vi, como um relâmpago, ou seja, com muita rapidez, algumas cenas de minha vida e, depois, um clarão, parecia que a luz me puxava, e apaguei.

Acordei no posto de socorro que se localiza acima da construção material do centro espírita que por anos frequentei. Eu estava para completar trinta e dois anos. Fiquei quietinha escutando conversas, eram de trabalhadores com socorridos. Abri os olhos devagar e vi, me olhando, a mentora da casa: Efigênia. Reconheci-a porque comentávamos como era sua aparência, mas eu a senti. A mentora me olhou com amor, sorriu e me disse:

— Silvana, seja bem-vinda entre nós!

Sentei-me na cama, lembrei do que ocorrera, entendi de imediato que mudara de plano.

Todos os trabalhadores desencarnados da casa me ajudaram, me dando as boas-vindas com muito carinho. Senti-me amada. Fiz uma passagem tranquila. A moça também foi socorrida, ela ficaria dormindo por mais tempo, depois seria levada para receber orientação no trabalho de esclarecimento da casa, para que entendesse que fizera sua mudança de plano. Como eu não tive problemas, fiquei por dois dias no posto de socorro e depois fui levada para uma colônia, uma cidade maravilhosa no Plano Espiritual. Mamãe sentiu muito a minha desencarnação, mas não me atrapalhou. Minha família não seguia o Espiritismo, mas tinha, por eu estar sempre comentando, alguns conhecimentos. Meus pais me amavam e quiseram que eu estivesse bem.

O caso foi muito comentado por ser um feminicídio e por eu ter tentado defender uma mulher, vítima de um crime bárbaro.

Na colônia, fui direto para uma casa onde minhas duas avós e um avô estavam. Gostei demais da colônia; embora muito descrita, cada um a vê de um jeito ou vê o que mais chama atenção. Eu admirei as oportunidades de estudo e passei a estudar e a fazer tarefas.

Porém, sempre há um "porém", comecei a ter lances de lembranças de minhas vivências anteriores, ou seja, de minhas outras encarnações. Como eram fragmentos que me confundiam, optei por pedir para recordar; fui atendida, auxiliada e lembrei.

Há várias reencarnações eu me interessara pelo ocultismo, infelizmente não para auxiliar, mas para ganhar meu sustento ou me sentir importante. Aprendi a ler a sorte, o que, para mim, era saber o que ia acontecer com outras pessoas; "sorte" mesmo era mais difícil, porque pensava que as pessoas tinham mais azar, problemas na vida. Não lembrei de mais detalhes dessas vidas, o fiz somente com o que me interessava.

Da anterior a essa, recordei com mais detalhes. Morava com a família numa cidade de porte grande, família comum e tudo relativamente certo. Na adolescência, aprendi a olhar a sorte: lia as linhas das mãos, borra da xícara de café, via folhas jogadas e cartas. Tinha facilidade porque já havia, em reencarnações anteriores, desenvolvido essa faculdade. Vestia-me de cigana e ia a um mercado, ou seja, a um local com vários espaços de comércio. Aluguei uma tenda e atendia pessoas. Uma irmã era a secretária, organizava horários e atendia pessoas, recebia pelas consultas. Eu fazia sucesso. Aprendi a dizer mais as coisas agradáveis, mas, se a pessoa insistia, eu falava o que via, como: "Sim, seu marido a está traindo e com essa pessoa"; "Seu sócio o está roubando"; "Vejo a morte o rondando". Com isso, fiz inimigos e foram várias as vezes que alguém foi me pressionar ou pedir para mentir, dizendo coisas como: "Pago essa quantia para você afirmar que não estou traindo" ou "que não roubo" etc. Uma vez eu falei para um moço que sua noiva não o amava, que ia casar pelo dinheiro e que ela se encontrava com outro rapaz. Ele se abalou, mas foi verificar e a flagrou com o outro; foi matá-lo e foi morto. Entristeci-me. Um homem rico, sobre o qual eu falei para a esposa que ele a traía com a filha dela, foi à minha tenda para me surrar, pessoas me ajudaram, eu então falei a ele que ia morrer logo. Eu não vi, falei com raiva, ele se apavorou; distraído, foi acidentado e faleceu. Arrumei muitas confusões, mas também dei bons conselhos, uni pessoas, pedi a muitos para perdoarem, não cobrei muitas consultas e dei dinheiro para outros.

A morte desse rapaz me incomodou, e muito. Continuei com meu trabalho, ganhava dinheiro, mas passei a prestar mais atenção para não falar algo mais prejudicial; passei então a complementar as informações, dizendo coisas como: "Se você for mais carinhosa, presente, terá o seu marido"; "Não deve se importar com a traição, ele a ama"; "Senhor, preste atenção nos seus negócios, participe mais, trabalhe, não deixe tudo para o outro sócio fazer".

Desencarnei muito doente. Não lembrei de detalhes de minha desencarnação, mas fui atraída para o Umbral, e o chefe de uma cidade umbralina me quis como empregada-escrava, para adivinhar, predizer a ele se fatos planejados dariam certo. Senti muito medo, porque via os castigos impostos naquele local. Estava sempre sendo chamada para falar se algo daria ou não certo, como: "*Senhor, vejo que, se atacar, haverá muitas perdas*"; "*Não deve fazer esse trabalho, o encarnado frequenta um centro espírita e o senhor perderá*"; "*Terá êxito nessa contenda*". O chefe gostou e eu era bem tratada, mas muito infeliz. Minha mãe nessa encarnação conseguiu, com a ajuda de um socorrista, falar comigo. Eu queria muito me livrar daquele modo em que estava vivendo, roguei por ajuda a minha mãe, e ela e o socorrista me levaram para uma colônia. Lá fiquei num local isolado, numa ala pequena, num quarto confortável, mas fechado, porque esse chefe dessa cidade umbralina em que estive me chamava; ele, junto a outros companheiros, se concentrava me chamando. Se não estivesse isolada, teria voltado, teria sido atraída, seria muito mais vigiada e talvez recebesse um castigo que me fizesse ter medo de fugir novamente. Isso ocorreu por quatro vezes; mesmo isolada, me desesperava. Depois o chefe desistiu de mim, então pude sair, receber a ajuda que necessitava, estudar e trabalhar.

Reencarnei e recebi o nome de Silvana. Penso que, por me sentir culpada pela morte daquele jovem, desencarnei relativamente nova e assassinada, como ele foi.

Como desenvolvera a mediunidade de premonição anteriormente, isso me pertencia. Mas, antes de reencarnar, fiz o propósito de fazer o bem. Ainda bem que consegui.

Silvana

Perguntas de Antônio Carlos

— Você sofreu com sua mediunidade de premonição?

— Sim, passei por momentos difíceis. Não é agradável você estar conversando com uma pessoa e ver espontaneamente o que a preocupa, o que pensa sobre você ou o que vai acontecer com ela. Infelizmente, na maioria das vezes, eu vi acontecimentos mais marcantes e que não eram agradáveis. Realmente, não é bom escutar o que as pessoas pensam da gente e não falam. Depois, mamãe chateava-se e eu não gostava de vê-la triste, sofri também por esse motivo. Não é nada bom sentir as pessoas com medo de você, como se fosse culpa sua os acontecimentos desagradáveis que ocorriam com elas. É complicado ser acusado por esse fato.

— Não se sentiu em nenhum momento tentada a "ler sorte"?

— Graças a Deus, não. Não estou criticando aqueles que fazem isso. Eu já fiz. Sei de pessoas que fazem isso como meio de ter dinheiro para sobreviver, mas que são boas pessoas, que dão bons conselhos e ajudam. Antes de reencarnar, fiz um propósito firme e, reencarnada, não pensei nisso.

— Você soube desse moço que desencarnou e pelo qual você sentiu muito? Sabe dele?

— Sim, ele sofreu muito no seu desencarne e sentiu ódio daquele que o traiu e lhe tirou da vida física. Depois foi socorrido, entendeu, perdoou, não me culpou e seguiu sua vida.

— E aquele que a assassinou, sentiu raiva dele?

— Não, senti dó. Sempre sinto pena dos que erram, porque a colheita vem, não é agradável ter a colheita de erros. Ele foi preso, condenado, ficou anos na prisão, saiu e quis ficar com os filhos, que estavam adolescentes; a avó teve que apelar para a justiça, e ele não conseguiu, os filhos não querem nem o ver. E, mesmo com tudo o que passou, ele não se arrependeu. Espero que ele não mate mais ninguém.

— E a moça que foi assassinada junto de você, como ela está?

— Tornamo-nos amigas, ela sofreu com sua mudança de planos porque deixou dois filhos pequenos, mas entendeu, aceitou o socorro, estudou e atualmente trabalha no Educandário. Estamos sempre nos encontrando.

— Você, quando reencarnar, terá novamente a mediunidade de premonição?

— Penso que, uma vez adquirida, é sua. Isso poderá ocorrer, mas agora estou liberta de erros, não tenho mais a erva ruim para colher e sim uma boa plantação. Estarei firme para não errar novamente. Com certeza, se essa mediunidade aflorar em mim, eu, como nessa última passagem pelo Plano Físico, saberei lidar com ela e usarei a minha mediunidade para fazer o bem.

— Tem planos para o futuro?

— Sim, tenho. Atualmente trabalho na orientação de desencarnados que, no Plano Físico, tiveram mediunidade em potencial e falharam ou até a usaram para fazer o mal. Para ser útil nessa tarefa, fiz cursos, estudei bastante. Gosto muito desse trabalho e pretendo me fixar por anos nessa tarefa. São muitas histórias interessantes de vida. Médiuns falidos! Mas eles, estudando normalmente, se recuperam e, com esperança, pedem para reencarnar numa nova oportunidade de trabalhar com a mediunidade para o bem.

— Silvana, eu a agradeço por ter nos contado sua vivência.

— Eu que agradeço.

Explicação de Antônio Carlos

A mediunidade é herdada biologicamente. Desencarnados que se preparam para trabalhar com a mediunidade escolhem herdá-la. É fácil, porque todos os encarnados têm mediunidade, e esta pode ser em pequeno potencial. Infelizmente, alguns desencarnados trevosos também podem fazer essa escolha. Quando esse planejamento é para trabalhar para o bem, normalmente quem o faz é para reparar equívocos ou para uma oportunidade de aprendizado. Quando é programada, pedida, mas o encarnado não a quer, a recusa, normalmente se pode passar por momentos complicados. Porque, se fiz esse pedido para reparar erros e estes não estão sendo reparados, a dor pode vir como reação. Se o pedido foi para aprender, seu espírito começa a sentir que está perdendo a oportunidade e se entristece. Tristeza que dói. A maioria desses pedidos o são pelos dois motivos: reparação e aprendizado.

Silvana trabalha com "médiuns falidos", como ela se referiu a desencarnados que normalmente tinham planejado ser úteis com a mediunidade, mas, encarnados, a ignoraram, ou, pior, fizeram com ela atos indevidos. Não têm justificativas as desculpas dadas por terem falido. Muitos dizem que foi por medo de errar, de não fazer o certo, de mistificar, de serem eles e não o espírito a se comunicar. Mas, de todas as manifestações mediúnicas, o encarnado faz parte. É um trabalho de ambos. Somente se erra quando o encarnado engana, finge falar por um espírito. Esse fato, medo, não é aceito. Outros tentam se desculpar dizendo que foram impedidos por algum companheiro, tiveram muitos outros afazeres, não tiveram como etc. Não se exige perfeição de um médium, mas sim dedicação e amor. Quando se quer, sempre se dá um jeito. Se não fizer nada, pode se sentir falido e que perdeu uma preciosa oportunidade. É triste sentir que se perdeu a oportunidade. É dolorido!

Na desencarnação anterior de Silvana, ela foi levada para o Umbral como empregada-escrava e contou que era bem tratada, mas infeliz. O termo "empregada-escrava" significa que era empregada porque trabalhava para eles, tinha regalias, mas também era escrava porque não era livre, estava presa ali. Infelizmente, grupos de umbralinos estão sempre interessados em certas pessoas cujas profissões interessam, querem os conhecimentos delas. Se esses desencarnados não tiveram merecimentos para um socorro com os bons, os umbralinos os levam para suas cidades ou acampamentos e querem, obrigam que eles os sirvam. Muitos, quando isso ocorre, os servem por medo, como ocorreu com Silvana, e, quando têm oportunidade, fogem, saem e normalmente têm que permanecer isolados, porque, quando o grupo os chama, eles são fortemente atraídos, normalmente voltam e, como sempre acontece, são castigados e são mais vigiados. Quando há um socorro assim, o socorrido é levado quase sempre para uma colônia; essas cidades são mais protegidas, e o socorrido fica em determinados locais dos quais não é possível sair até ser esquecido ou se sentir mais fortalecido.

Silvana marcou muito nela o desencarne daquele rapaz em sua encarnação anterior. Sentiu-se responsável e, nessa sua última roupagem na carne, desencarnou jovem. Se ela anteriormente se sentira culpada, nesta quis salvar uma pessoa. Isso foi opção dela. Porque ela poderia escolher continuar salvando vidas, ajudando pessoas para que desistissem do suicídio. Silvana quis que ocorresse dessa forma, sentia que somente assim se sentiria quite com essa dívida. Não conseguiu salvar a moça, mas tentou. Quis dar a vida por alguém , evitar que uma pessoa desencarnasse. Mas Silvana viu o perigo que aquela moça corria e, se não fosse tentar ajudá-la, ela sentiria remorso por não haver tentado, e esse sentimento a acompanharia pela vida toda encarnada. O importante foi que se sentiu bem com a opção que fez.

Nesses relatos que compõem este livro, sobre mediunidade, há somente o de Silvana, porque ela teve uma mediunidade que atualmente não é tão comum, pelo menos não tão ostensiva. De fato, muitas pessoas procuram um centro espírita por ter a mediunidade ostensiva, para entendê-la e aprender a conviver com ela. Médiuns encontram, na Doutrina codificada por Allan

Kardec, segurança e compreensão para lidar com esse dom e, melhor, fazer atos bons com ele.

Que oportunidade! Graça recebida pela Misericórdia do Pai Amoroso!

Capítulo 2

QUASE SUICIDA

Mesmo passando muitos anos, os acontecimentos daqueles dias difíceis estão nítidos nas minhas lembranças. Vou narrá-los.

Estava com dezesseis anos, quase dezessete. Morava com meus pais numa casa simples. Minha família era: pai, mãe, eu e três irmãos, dois meninos e uma menina. Eu era a mais velha; a diferença entre mim e o segundo irmão era de cinco anos, e a média de diferença entre eles era de um ano e alguns meses.

Estudava numa escola perto de casa, gostava de estudar, mas não tinha muito tempo para os estudos, porque tinha que fazer quase todo o serviço da casa. Trabalhava muito. Mamãe também trabalhava; fazia, três a quatro vezes por semana, faxinas em casas; serviço puxado, que a deixava sempre cansada. Meu pai trabalhava numa fábrica e em casa tinha de ser servido. Eu, como mais velha, cuidava da casa; levantava muito cedo, quatro horas e meia ou cinco horas, colocava as roupas sujas de molho, fazia o café, adiantava o almoço e ia para a escola; na volta, acabava o almoço, e nós quatro, eu e meus irmãos, almoçávamos; aí arrumava a casa, lavava as louças, passava roupas, ajudava meus irmãos nas lições e restava pouco tempo para estudar. Nos dias que mamãe não trabalhava, eu tinha mais tempo e estudava mais.

Meu pai, ou aquele que pensava ser meu pai, me tratava diferente, era exigente comigo, queria que eu trabalhasse, não lembro de ele ter me feito um carinho alguma vez, era chamada por ele de "menina". Ele agradava os outros três. Não entendia e pensava que era porque era a mais velha.

Na escola, interessei-me por um rapaz; para mim, era lindo, penso que de fato era, as meninas o disputavam. Eu queria que ele me notasse. Eu o via somente na escola porque não saía de casa, tinha poucas roupas; a maioria, era minha avó materna que me dava. Eu o olhava muito e, quando ele se sentia observado, às vezes sorria; outras, virava as costas. Mandei bilhetes a ele, que nunca me respondeu, me achava apaixonada. Essas paixões de adolescentes, que costumam ser fortes e fazer estragos.

Tudo aconteceu no mesmo dia. Tinha de entregar um trabalho e, chegando à escola, foi que percebi que o esquecera em casa. Pedi para a professora que me deixasse ir buscar. Fui em casa, abri o portão, devo não ter feito barulho e escutei minha mãe conversando com minha avó; como ouvi o meu nome, parei, fiquei atrás da porta e escutei:

— Mamãe — disse minha mãe para minha avó —, a senhora sabe que tento deixar tudo em paz.

— Filha — falou vovó —, esse seu tudo é pouco. Todos nós vemos que seu marido trata diferente Júlia, sempre o fez. Ele não é o pai dela, mas ele a assumiu.

— Mamãe, sempre que toco nesse assunto com ele, nós brigamos. Nosso casamento não está bem e eu tenho outros três filhos. Como pagamos pelos nossos erros! Fiquei grávida, fui abandonada, conheci o meu marido, casamos e ele até registrou Júlia; para mim, naquela época, tudo parecia bem. Mas meu marido nunca gostou de Júlia. Vivemos com dificuldades financeiras, trabalho pesado para ajudar nas despesas da casa, e Júlia, sendo maior, me ajuda.

— Filha — vovó insistiu —, ela não ajuda, faz tudo, ela precisa estudar e ser mais bem tratada.

Elas passaram a falar de outro assunto; eu saí de trás da porta, fui para a rua, estava atordoada; dei alguns passos e aí me lembrei do que fora fazer; voltei, dessa vez fiz barulho e chamei por mamãe. Peguei a tarefa e voltei para a escola. No intervalo da primeira aula para a segunda, uma colega me falou:

— Júlia, eu sei que gosta dele, mas penso que ele não está interessado em você. Não lhe mande mais bilhetes. Não insista!

A professora entrou na sala e minha colega foi para o seu lugar, a aula começou. No recreio, intervalo, eu raramente levava lanche e não comprava na cantina; fiquei para trás das minhas colegas e vi esse moço, aquele por quem pensava estar apaixonada, ir com três amigos para um local da escola menos frequentado pelos estudantes, onde havia um jardim; eu fiquei atrás de um pilar os olhando e os vi se sentarem num banco, do qual, atrás, havia um corredor com um muro baixo. Curiosa para escutar o que eles falavam, vi que, se eu ficasse abaixada, não seria vista e poderia ouvi-los. Foi o que eu fiz. Abaixada, fiquei atrás deles e escutei ele se queixar:

— Júlia está me incomodando! Ela, aqui na escola, me persegue, me olha muito e tem me mandado bilhetes.

— Você tem duas maneiras de resolver isso — opinou um dos rapazes que estava com ele. — Pega-a para uns amassos ou escreve um bilhete pedindo para ela parar de persegui-lo, que não está a fim.

— Não gosto de suas sugestões — disse ele. — Não quero dar uns amassos em uma negra... bem, quase negra; penso que ela seja até fedida. Escrever um bilhete? E se ela se vingar e entregar na diretoria? Com as nossas fichas sujas pelas farras que fazemos, não será legal. Vamos deixá-la para lá. Irei evitá-la, não responderei os bilhetes e torcerei para que me esqueça.

Passaram a falar de outro assunto. Senti-me sem forças, esforcei-me para sair dali, fui para o banheiro e chorei. Não me saía da cabeça: "negra fedida". Quando escutei o primeiro sinal para terminar o recreio, o intervalo, lavei bem o rosto e, no segundo, fui para a classe. Fiquei calada, tentei prestar atenção nas aulas, mas não consegui. Terminadas as aulas, dei um "tchau" com a mão para as amigas e falei:

— Tenho de ir rápido para casa.

Normalmente, saíamos conversando, e eu dava sempre um jeito de ver o moço em quem estava interessada, ele estudava em outra sala. Fui sozinha embora; naquele dia, mamãe não fora trabalhar; com ela em casa, eu fazia menos coisas. Entrei no quarto e disse para minha mãe:

— Mamãe, eu não estou bem, minha cabeça dói muito, não vou almoçar.

Entrei no quarto, quis chorar, mas não consegui. Analisei minha situação:

"Sou de fato bem morena, talvez parda, mas não preta. Minha mãe é branca, o marido dela também, somente eu sou mais morena; nunca me importei com esse fato, porque a mãe do marido de minha mãe, a que julgava ser minha avó, é parda, pensava que puxara a ela. Fedida? Não sou! Nunca tive, como minhas colegas, bons xampus, cremes para cabelos, bons desodorantes, perfumes, mas uso desodorantes de marcas simples. O marido de minha mãe não é meu pai! Não gosto dele nem ele de mim!"

Doeu-me profundamente ter descoberto essas duas coisas ao mesmo tempo. Chorei baixinho e pensei que queria morrer.

"Dor de cotovelo", é o que dizíamos quando sofríamos uma dor pelo amor não correspondido, dói muito. Bater o cotovelo é normalmente sentir uma pontada, dor forte, mas que passa logo. Para mim, naquele momento, não passaria nunca. Senti-me rejeitada pela família, até por minha mãe, que não tinha coragem ou amor suficiente para me defender. E me doía demais ser rejeitada por aquele que, no momento, eu amava.

Pensei bem e resolvi morrer. Acabar com aquela dor. Pelo barulho que ouvi, percebi que mamãe saíra , talvez fora comprar algo. Eu saí do quarto e peguei uma cadeira para pegar, na parte alta do armário, um veneno. Aquele que julgara ser meu pai o comprara para matar ratos; peguei e tomei, colocando na boca e tomando água; fui para o quarto, deitei-me na cama e esperei pela morte.

Porém, graças a Deus, teve um "porém", minha irmãzinha, dormíamos nós duas no mesmo quarto, entrou e me viu jogada na cama com a boca aberta e espumando, então gritou escandalosamente. Mamãe que havia voltado me viu e foi correndo pedir ajuda, e um vizinho me levou para o hospital. Sei o que aconteceu por terem me contado, porque estava inconsciente. No hospital, fizeram de tudo para me salvar, e eu não morri.

Fiquei internada por dez dias, pois queimara muito minha boca, esôfago, estômago etc. Cinco dias depois, minha avó materna foi me visitar, ela ia me ver todos os dias; segurou minha mão e perguntou:

— Por que, minha neta?

Eu a olhei, senti seu amor e resolvi desabafar:

— Vovó, naquele dia, quando fui buscar o trabalho que esquecera, escutei a senhora e mamãe conversando, falavam que eu não era filha do marido de mamãe. Quem é meu pai, vovó?

— Sua mãe — vovó contou — era muito jovem e se envolveu com um moço que não era boa pessoa; engravidou, e ele, por roubo, foi preso. Teve você, seu avô e eu a ajudamos. Ela conheceu esse homem com quem se casou; apaixonados, se casaram e ele a registrou.

— Meu pai biológico é preto? — perguntei à vovó.

— Sim.

Eu falava com dificuldade e me doíam a boca, os lábios, ao falar.

— Onde está ele? — quis saber.

— Não sabemos, ele sumiu. A última notícia que tive dele foi que esteve preso, saiu, foi para longe e voltou para a prisão. Não sei se está vivo ou não. Mas foi somente por isso que quis morrer?

Resolvi contar tudo para vovó e desabafei:

— Estava gostando, gosto muito de um rapaz, e ele me despreza; escutei ele conversando com colegas e ele se referiu a mim como "preta fedida".

Chorei. Vovó me abraçou e decidiu:

— Júlia, eu me sinto culpada, vi você ser discriminada em sua casa, trabalha demais, aquele marido de sua mãe a despreza e não fiz nada. Mas agora será diferente. Você irá morar comigo, vou transferi-la de escola e, na minha casa, não precisará trabalhar. Você quer, não é?

— Quero, vovó!

Um médico, duas enfermeiras, depois uma psicóloga conversaram comigo, aconselhando a não fazer mais aquele ato insano. Gravei de uma enfermeira:

— Você foi tentada pelo demônio, ele queria levá-la para o inferno. Suicidas sofrem muito.

— Procure, menina — aconselhou o médico —, uma ajuda espiritual, uma religião que a auxilie. Os espíritas ajudam muito.

Recebi alta, vovó foi me buscar e fui para a casa dela. O regime alimentar era severo, não podia comer nada ácido e devia fazer as refeições em horários determinados; para me alimentar, doía muito. Ainda bem que não marcou meu rosto; as queimaduras foram cicatrizando, mas fiquei, enquanto estive encarnada, com sequelas que sempre doeram, deficiências que os ferimentos deixaram e que eu adquiri com aquela asneira que cometi.

Minha mãe ficou sem saber o que fazer; penso que, sem mim, o serviço da casa acumulou, ela passou a fazer menos faxinas. O marido dela foi me ver somente uma vez no hospital, eu não o olhei; incomodado, ficou apenas por alguns instantes no quarto. Meus irmãos sentiram minha falta. Vovó pegou minha transferência, estudaria agora numa escola perto da casa dela, mas teria de esperar começar o ano letivo e repetir a série. Recebi visitas de colegas. Vovó e eu não contamos o motivo, o porquê da minha tentativa de suicídio e, quando me perguntavam, eu respondia: "Não sei, tive vontade". Afastei-me das colegas, por mudar de escola e por morar agora longe; e elas, por outros interesses, também se afastaram. O interessante foi que eu, com muitas dores, dificuldades, não pensei mais no rapaz e, de repente, o esqueci. Tudo passa, principalmente o que realmente não é tão importante quanto julgamos no momento.

Fui para outra escola, fiz outros amigos, vovó me dava carinho, amor, preocupava-se comigo e também me dava roupas, tudo o que uma mocinha gosta. Ia à casa de mamãe quando sabia que ela ia trabalhar para ficar com meus irmãos e aproveitava para ensiná-los a fazer as tarefas da escola. Não vi mais o marido de mamãe e não quis saber do meu pai biológico.

Terminei o ensino médio, arrumei um emprego no comércio de vendedora e, com o tempo, sendo dedicada, passei a ganhar bem, a fazer minhas despesas e a sair com amigas, mas sempre com atenção ao que comia. Conheci um rapaz, namoramos, mas não deu certo, não dei importância; no terceiro namorado, firmamos, casamos e tive uma vida alegre, boa, com um marido muito bom e filhos amorosos que não nos deram problemas.

Dava sempre graças por eu não ter desencarnado naquele dia. Se tivesse, como teria sido minha vida? Com certeza, no Plano Espiritual, não teria sido fácil, teria sofrido. E, se naquela época eu tivesse procurado por ajuda, teria encontrado e resolvido meus problemas; não precisaria ter atentado contra minha vida. Sofri muito com as sequelas do meu ato impensado.

Por que me tornei espírita?

Foi por ter pensado no que aquele médico me aconselhara, para procurar ajuda na religião, que os espíritas auxiliavam muito. Logo que me foi possível, quando conseguia sair de casa, fui a um centro espírita. Gostei muito e, na terceira vez que fui, pedi para conversar com alguém; uma senhora me atendeu, contei a ela que tentara me suicidar. Com muita paciência e carinho, ela me explicou que o inferno eterno não existe, mas tirar a própria vida era um ato errado e que erros têm consequências. Disse que eu não deveria pensar mais em fazer esse ato. Eu disse que não pensava mais e que agora estava morando com a minha avó.

Essa senhora passou a me dar muita atenção, me emprestou livros para ler, eu gostava e li muitos romances. Ela me explicava o que não entendia e fui me interessando cada vez mais pela Doutrina Espírita; passei a frequentar a casa, a estudar, a participar das atividades, fiz amizades e me tornei espírita. Vovó começou a me indagar sobre o Espiritismo e se interessou, por achar coerente, então ela e o vovô passaram a ir comigo, gostaram e também seguiram os preceitos espíritas. Esses conceitos me fortaleceram e eu nunca mais pensei em suicídio. Dez anos depois dessa tragédia, fui fazer um estudo para ajudar pessoas com ideias suicidas. E durante muitos anos, muitos mesmo, até com os filhos pequenos, tive dois, eu ia duas a três vezes por semana fazer plantão à noite, por telefone, escutar pessoas com problemas. O plantão era das vinte horas até as seis horas do outro dia. Penso que com certeza ajudei muitas pessoas, ali não se falava de religião, mas de Deus, Jesus e Maria, orávamos juntos, e eu sempre recitava para as pessoas a Prece de Cáritas. Esse trabalho me fez muito bem. Amei fazê-lo. Era, sou muito agradecida por essa oportunidade de poder ajudar. Se quase desencarnei ao atentar contra a minha vida, quis muito que outros não cometessem esse ato insano.

Desencarnei por uma trombose, um coágulo que foi para o pulmão. Foi uma passagem tranquila. Voltar para o Plano Espiritual com conhecimento é receber uma graça. É como ir a um país distante, muito diferente, e você ter o conhecimento da língua, costumes, de como é o lugar e o mais importante: o que fará lá. Minha família me ajudou muito, com preces, desejando que eu estivesse bem. Meu esposo havia desencarnado dois anos antes; foi prazeroso encontrá-lo, estamos juntos, porém trabalhamos em locais diferentes. Eu quis me dedicar aos suicidas; comecei trabalhando, após um estudo, no hospital onde estão aqueles que se suicidaram, mas que já estão se sentindo melhor; mas penso que, quando este livro for editado, eu já esteja no segundo hospital, onde estão os recém-socorridos. Meus planos são: após estar preparada, trabalhar num posto de socorro no Vale dos Suicidas e, depois, como socorrista.

Quando se quer, planeja, estuda e trabalha para algo, esse algo acontece.

Obrigada, Antônio Carlos, por me dar a oportunidade de contar essa minha imprudência, e que isso possa ser um alerta para que todos, ao passar por um sofrimento, uma dificuldade maior, tenham paciência, porque se suicidar não é uma opção, é sofrer mais. Tudo passa; nós passamos pelo sofrimento e, ao vencê-lo, nos sentimos mais fortes.

Se eu tivesse desencarnado naquele dia, não teria vivido momentos tão bonitos, como o de ser mãe, ter sido amada, amar, ter conhecido o Espiritismo, ter ajudado muitas pessoas. Porque, quando ajudamos, somos ajudados.

Júlia

Perguntas de Antônio Carlos

Não tive perguntas para fazer. Ela me agradeceu e me despedi dessa trabalhadora do bem emocionado:

— Eu que agradeço, realmente seu depoimento é deveras importante.

Explicação de Antônio Carlos

Infelizmente o número, pela estatística, de suicidas aumentou muito nos últimos tempos. São muitos os Vales dos Suicidas espalhados no mesmo planeta.

Na Espiritualidade, não existem regras gerais: fez isso e paga assim. Deus é infinitamente sábio. Assim, para os suicidas, são levados em conta muitos fatores, por exemplo, se estava sendo obsediado e o grau da obsessão; se isso ocorreu, o obsessor fez uma maldade, devia ter perdoado e seguido sua vida, mas, depois dessa obsessão, se tornou assassino. Também se o suicida, por transtornos mentais, foi levado a tirar sua vida do Plano Físico, isso é um atenuante, e é visto o grau dessas enfermidades. Mas em todos os fatos existiu a ação, e infelizmente o retorno vem; às vezes como aprendizado para não repetir o ato.

É difícil um suicida consciente não ir para o vale, e o tempo de permanência é variável.

Com o que mais sofre o suicida? Sofre por ver aqueles que ele amava, ama e por quem é amado sofrerem por ele. Também, ao entender que não acabou, que a vida continuou e que não está bem, por querer voltar, ter o corpo físico de volta. Isso é impossível.

A maioria dos suicidas quer se livrar do sofrimento; não quiseram ofender, pecar ou se revoltar contra Deus, somente ficar livre da situação difícil. Não tiveram a paciência de esperar passar o momento doloroso. Tudo passa!

Também sei de suicidas que o fizeram por pirraça, ou seja, para fazer alguém sentir remorso e sofrer. Engano! Aquele que era para receber a pirraça muitas vezes nem liga ou, se sofrer, será por pouco tempo.

Aconselho nunca alimentar a ideia de suicídio, mas, se isso ocorrer, procurar ajuda imediatamente e gravar em sua mente estas palavras mágicas: "Tudo passa!". Devemos ajudar quem tem essas ideias. O auxílio é muito importante!

Que erro cruel é o daquele que induz alguém a fazer esse ato insano. Temos notícias de pessoas que fazem isso, influenciam pela internet, redes sociais etc. Só posso afirmar: infelizes! Porque, para esse crime, terão doloroso retorno.

Sinto Jesus ainda clamar ao Pai, a Deus, trabalhadores para sua messe, a Terra. Infelizmente, uma quantidade absurdamente desproporcional de espíritos, ou seja, encarnados ou desencarnados, querem ser servidos. Faltam trabalhadores que fazem o bem em todos os locais na Terra, principalmente nos locais onde o trabalho exige mais dedicação, que são: postos de socorro perto ou do Umbral, na Zona Umbralina e nos Vales dos Suicidas. Para ser socorrista nesses locais citados, tem de ter preparo e amar.

Quando estava fazendo essa explicação, Vera, a médium, me indagou:

— Existem lugares onde ocorrem mais suicídios? Cidades? Ilhas? Por quê?

— Sim, infelizmente existem. Encarnados prudentes têm impedido de divulgar essa causa de morte: suicídio. Isso porque, quando um caso acontece, se esperam outros. Normalmente é assim: uma pessoa que se suicidou dá coragem para outros que estavam com vontade. Quando uma pessoa escolhe essa forma para abandonar a vida física, ocorrem outros.

Tudo o que acontece num local fica marcado por tempos, seja em paredes, objetos etc. Aqueles que sabem usam a psicometria, isto é: ver na matéria os acontecimentos ocorridos no lugar. Acontecimentos mais marcantes são os mais gravados. Em locais de guerras, isso é muito forte, e pessoas mais sensíveis sentem; normalmente são sentimentos de medo, angústia, dores etc. Isso ocorre no Coliseu, em Roma: muitas pessoas sentem e às vezes até têm um mal-estar ao visitar esse lugar. Ali não tem desencarnados daquela época, mas ficaram gravados os acontecimentos. Assim é em locais onde ocorreu um suicídio: fica forte o acontecimento ali marcado e pode ser sentido; se ali for alguma pessoa com tendências, é perigoso, pode sentir vontade de morrer e às vezes essas sensações são fortes. Locais assim necessitam de muitas orações para clarear essas energias escuras e nocivas. Lembro que pode ocorrer o contrário: locais onde basta uma pessoa se concentrar para sentir as boas vibrações que dão paz. Normalmente são lugares de orações ou em que esteve, viveu alguém que vibrava bem, amava muito toda a humanidade.

A luz clareia as trevas. O amor anula o ódio e o desespero.

Vera fez outra pergunta:

— Crianças e adolescentes que se suicidam, como ficam no Plano Espiritual?

— As leis de Deus são misericordiosas. Cada caso é um caso. No corpo físico, crianças e adolescentes são imaturos, quase sempre não sabem bem o que fazem. Se foram induzidos, o erro maior, o mais grave é de quem induziu, que é considerado erro de crueldade, o mais grave que pode ser cometido. Muitos são socorridos. É difícil criança ir para o Vale. Embora eu já tenha visto um adulto que se suicidou modificar seu perispírito para ser criança, porque fora nessa fase de sua vida que tivera momentos alegres e tranquilos. Porém não se engana na espiritualidade. Qualquer desencarnado pode modificar seu perispírito, mesmo sem saber, porque, para esse fato, pode-se usar da vontade forte, basta se concentrar, querer e normalmente se modifica.

Mas o erro existiu, repito. Crianças e jovens que desencarnaram por esse ato equivocado sentem mais por sentirem pessoas sofrerem por eles e quase sempre querem voltar para seus corpos físicos, querem voltar para o que deixaram, ou seja, de material e afetos. Querem seus quartos, amigos, roupas, escola, enfim: do que desfrutaram. Eles sofrem até estarem acostumados com essa nova forma de viver. Pode-se ajudá-los, os encarnados, pedindo para eles se perdoarem, pedirem perdão a Deus, para orarem, quererem o socorro, enfim, que estejam bem. O tempo acerta tudo, os momentos iniciais passam, e essas crianças e adolescentes se adaptam. No Plano Espiritual, no começo, eles ficam em hospitais próprios; após, em escolas; somente quando estão bem que se reúnem a outros, isso porque é complicado um que tirou seu espírito da vida física estar com outro que lutou pela vida, sofreu por doenças por meses, anos; a comparação lhes causa remorso que dói. Mas, socorridos, fazem tratamento para aprender a amar a vida, estudos junto de tarefas, lazeres, e quase todos se recuperam.

Nós sempre precisamos do outro, e nós podemos ajudar, é dando que recebemos.

Para essas crianças e jovens que se suicidam, a maioria dessas desencarnações é tachada de "acidente", isso é por graça do Pai Amoroso e da ajuda dos socorristas . Esses imprudentes, crianças e adolescentes suicidas, ficam bem após se adaptarem.

Como Júlia escreveu: para ser um trabalhador, socorrista no Vale dos Suicidas e nos Umbrais, tem que aprender e começar nas áreas mais amenas, consideradas mais fáceis, estagiando, adquirindo conhecimentos, para depois fazer com sabedoria, confiança, o trabalho mais árduo. Mas esses trabalhadores, porque todos os servos que fazem além tornam-se servos úteis, queimam, se o tiverem, todas as suas ações equivocadas, porque o amor, o trabalho no bem, para o bem, e que seja dedicado como o desses socorristas, anulam erros. E, por essa dedicação, adquirem-se conhecimentos, que serão dele para sempre, serão o seu tesouro. Eles podem fazer pedidos para quando reencarnarem, são normalmente atendidos e quase sempre o pedido é: voltar ao Plano Físico numa família religiosa ou espírita. Isso não é privilégio, é o retorno do bem realizado. A colheita da boa plantação.

Meu respeito a esses socorristas que auxiliam nos Umbrais e nos Vales dos Suicidas. Admirem-nos!

Capítulo 3

O TRABALHO INDEVIDO

Recebi o nome de Marcília em homenagem à minha avó paterna, que, quando nasci, já havia voltado ao Plano Espiritual. Todos me chamavam de Márcia. Minha vivência no Plano Físico foi, como a maioria dos encarnados, com uma família com problemas, mas nada mais grave, tinha dois irmãos e duas irmãs. Estudei até o ginasial, hoje o fundamental dois; nessa época já namorava o Gilson, começamos a namorar muito jovens. Fiquei grávida com dezessete anos e nos casamos. Foi um começo de casamento muito difícil, ele ganhava pouco; nossos pais nos ajudavam, mas passamos por muitas dificuldades.

Foi aos poucos, aos poucos mesmo, que melhoramos financeiramente e tivemos mais dois filhos: um menino e uma menina. Com eles maiores, na escola, arrumei um emprego, nos organizamos, compramos uma casa e, aos poucos, fomos a reformando e a equipamos.

Gilson passou num concurso público e teve então um bom emprego.

Nossos filhos estavam na adolescência quando percebi que nosso casamento não estava bem: quase não conversávamos e ele saía muito. Resolvi saber o que estava acontecendo e soube que ele tinha uma amante. Pensei bem e resolvi fingir que não sabia e reconquistá-lo. Não deu certo; Gilson conversou comigo, confessou que tinha outra, que estava apaixonado e queria se separar. Eu pedi a ele que pensasse bem, pois tínhamos três filhos. Lembro bem o que ele me disse:

— Márcia, nos casamos muito jovens, penso que nem nos amávamos. Tivemos sim os três filhos, eles serão sempre meus e seus. Mas nós dois, não dá, não dará mais certo. Eu a amo. É a primeira vez que amo alguém. Queria que compreendesse.

— Não compreendo! — exclamei. — Não quero! Peço-lhe pensar mais um pouco. Por favor!

Ele foi dormir no quarto de um dos nossos filhos. Eu não sabia o que fazer, estava atordoada. Acabei falando o que me acontecia com as colegas que trabalhavam comigo e uma delas opinou:

— Márcia, conheço um lugar, vou lá de vez em quando, que eles ajudam pessoas aflitas. Fazem trabalhos, você paga, não é muito caro; eles com certeza farão Gilson se separar dessa moça e voltar para você.

Aceitei na hora, quis ir. Nessa época, dizíamos ter uma religião sem ser de fato religiosos. Meus filhos foram batizados e íamos de vez em quando à igreja. Não procurei saber o que era aquele lugar nem o que eles faziam. Fomos após terminar nosso turno. Essa colega me explicou:

— Márcia, aonde vamos é um terreiro de macumba, mas não se assuste, o que falam dessas macumbas não é o que acontece. Lá trabalham pessoas que vivem como a gente, têm emprego, têm casa, às vezes filhos. Eles são médiuns, isto é: têm o dom de conversar com espíritos, com os mortos do corpo físico. Eles cobram porque, para fazer o trabalho especial, eles têm que comprar coisas para dar a esses espíritos. Você vai ser atendida, eu telefonei marcando horário. Para que não fique com medo, eu entro na salinha de atendimento com você. Então você contará o que acontece. Ele dirá o que deve trazer ou pedirá o dinheiro para eles comprarem o necessário para fazer essa encomenda. Deve pagar pela consulta na entrada; para o que eles irão fazer, ele dirá quanto é.

— Será mesmo que dará certo? — Eu estava em dúvida.

— Com certeza. O marido é seu, a outra é intrusa. Estará segurando o marido, o pai de seus filhos.

Eu estava desesperada, de fato não queria me separar nem que Gilson ficasse com a outra, uma intrusa que, sabendo ele ser casado e com filhos, o seduzira. Animei-me. O local ficava na periferia, numa área grande, com estacionamento ao lado. Minha colega estacionou o carro, pagou por isso. Entramos num salão grande e, na porta, uma mulher perguntou:

— Veio para participar ou para ser atendida?

— Ela tem consulta marcada — disse minha colega e deu meu nome.

— É "tanto" — falou a quantia.

Eu paguei e ela apontou um canto, que era para sentarmos e esperarmos. Eu olhei tudo, tinha muitos quadros nas paredes de entidades enfeitadas e vasos com flores.

— Agora, neste horário, é quieto e silencioso — explicou minha colega. — Mais tarde e em dias marcados, tem culto, os frequentadores que trabalham aqui vestem roupas próprias e eles cantam, dançam, é muito bonito de ver. O chefe encarnado atende as pessoas todas as tardes, menos aos domingos. Logo será nossa vez, você fará o que farei, seja respeitosa. Não se brinca com essas pessoas.

Fomos chamadas, entramos numa sala pequena onde havia umas imagens, uma mesa e, atrás dela, estava sentado um homem. Minha colega abaixou a cabeça e o cumprimentou: "Boa tarde!". Eu fiz o mesmo. O homem, com um sinal com a mão, pediu para nos sentarmos; havia, à frente da mesa dele, quatro cadeiras. Sentamo-nos. Eu o olhei, esse homem estava vestido com roupas vermelhas, com muitos colares, ele era careca. Olhou-nos, seu olhar era frio, me deu arrepios.

— O que acontece? — perguntou ele.

— O marido dela — minha colega explicou — arrumou uma amante, ele quer se separar dela para ficar com a intrusa.

— Escreva aqui os nomes dos dois e o endereço. — Ele deu uma ficha.

Rapidamente eu escrevi, ele pegou a ficha, leu, me olhou e afirmou:

— A senhora terá seu marido de volta! Fica por "tanto" — ele falou a quantia.

— Pague — cutucou minha colega.

Eu fora preparada, minha colega tinha me dado o preço que normalmente era cobrado. Ele explicou:

— Vamos começar o trabalho hoje à noite. Fique bem em sua casa e nada de brigas.

— Em quanto tempo o senhor acha que eles se separarão? — perguntou minha colega.

— Questão de dias. Agora podem ir.

Despedimo-nos. Eu fiquei esperançosa. Em casa, agi como sempre. Uma semana se passou e nada aconteceu. No oitavo dia eu comecei a ter pesadelos, acordava assustada, fiquei nervosa, inquieta, agoniada, parecia que tinha alguém ao meu lado, escutei risadas, arrepiava-me. Contei a essa colega e ela achou que deveríamos voltar ao terreiro. Paguei novamente pela consulta, gastava todas as minhas economias. O senhor me escutou, e depois falou:

— Senhora, nosso trabalho não deu certo. Escutei de um desencarnado que está sempre comigo que essa moça trabalha em outro terreiro e, infelizmente, o que fizemos voltou para você. Não posso fazer nada, não quero briga com esse outro terreiro. O melhor que você tem a fazer é deixar seu marido para ela. Vão embora!

— Mas o senhor recebeu para separá-los, não o fez e ela... — minha colega tentou argumentar.

— Saiam! — ele falou bravo a interrompendo. — O que tinha de dizer já disse.

— Mas esses desencarnados a estão atormentando. O que ela...

— Não vamos fazer nada — ele a interrompeu novamente. — Eles são do outro terreiro, não me intrometo em terreiro alheio. Se quiser — ele abaixou o tom de voz —, vão procurar ajuda num centro espírita. Agora saiam!

Nós duas, rápidas e com medo, saímos. No carro, chorei.

— Márcia, me desculpe, eu pensei que estava ajudando. Realmente não se tem o que fazer ou eu penso que não. Se essa moça trabalha em outro terreiro, deve ter feito uma macumba, um feitiço, para ficar com Gilson.

Continuei me sentindo mal, tendo pesadelos, com a sensação de ter alguém perto de mim, arrepiando-me, sentindo cheiros estranhos.

Perto de onde morava havia um centro espírita, fui até lá e, na porta, havia os horários de atendimento: naquela noite havia uma palestra e passes. Fui, cheguei antes e conversei com uma senhora. Rapidamente contei o que estava acontecendo comigo, mas não falei do terreiro. Ela me pediu para ficar após o término dos passes que eles me atenderiam. Não prestei atenção na palestra, estava confusa e inquieta. As pessoas receberam o passe e foram saindo, ela me chamou, entrei na sala de passes e um grupo de pessoas me rodeou. A senhora me pediu:

— Pense nos seus pesadelos, quando você se arrepia.

Fiz isso e percebi que duas pessoas que me rodeavam ficaram diferentes. A senhora ordenou:

— Depois conversaremos com vocês.

Senti-me aliviada e fui para casa. Aquela noite dormi bem e não senti mais nada.

Voltei no outro dia no centro espírita, no horário do atendimento fraterno, queria conversar com alguém. Uma outra senhora me atendeu, eu contei tudo e escutei seus conselhos.

— Marcília, não se pode forçar ninguém, principalmente prender uma pessoa junto da gente usando desses trabalhos. O amor é espontâneo, não é certo forçar o outro a amar. Se essa moça fez isso, as consequências serão dela.

Aconselhou-me a orar, a não ter raiva e não ir mais atrás desses trabalhos. Ali, no centro espírita, não cobravam, e me esclareceu que eles não faziam o que queria, segurar uma pessoa. Eu entendi, me senti calma e passei a ir às reuniões espíritas: escutava as palestras, recebia o passe e passei a orar mais. Estava tranquila e resolvi conversar com o meu marido. Decidimos nos separar, vender a casa e dividir o dinheiro; tudo de casa, móveis e eletrodomésticos, ficariam comigo, e ele daria a pensão dos filhos. Sem brigas, ele saiu de casa. Procurei um apartamento, nos mudamos, vendemos a casa, e eu passei a ser assídua nas reuniões espíritas, a ler livros e me encontrei com os ensinamentos da Doutrina.

Como muitas vezes costuma acontecer, Gilson se separou de mim e, infelizmente, dos filhos. Ele antes não fora um pai amoroso nem tão presente, e piorou. Ele passou a vê-los pouco, parou de dar pensão quando pôde. Eu, após a separação, foquei no meu trabalho, passei a ganhar mais e procurei ser uma ótima mãe; os levei ao centro espírita, tornamo-nos nós quatro espíritas. Eles estudaram, foram trabalhar, são ótimos filhos.

Pensava sempre no que fizera e na reação que tive. Dar desculpas de que não sabia não justifica. Lia muito *O Evangelho segundo o Espiritismo*, de Allan Kardec, e até hoje gosto muito do capítulo vinte e oito, "Coletânea de preces espíritas"; meditava, quando encarnada, sobre a primeira seção, "Preces gerais", "Oração dominical", item dois, "Venha a nós o vosso Reino": "E lhe destes ainda a liberdade de observar ou violar aquelas das vossas leis que pessoalmente lhe concernem, ou seja, a faculdade de escolher entre o bem e o mal, para que ele tenha o mérito e a responsabilidade de seus atos". Depois sobre o quatro, "O pão nosso de cada dia dai-nos hoje!": "Antes de nos lamentarmos de nossa sorte, perguntemos se ela é a nossa própria obra; a cada desgraça que nos atinge, verifiquemos se não poderíamos tê-la evitado, repitamos a nós mesmos que Deus nos deu a inteligência para sairmos do atoleiro, e que de nós depende aplicá-la bem".

De fato, cabia a mim tentar conservar meu casamento, mas não fazer o que fiz. Poderia ter dado certo, o trabalho indevido tê-los separado, mas seria por quanto tempo? O amor acabara, ou, como ele dissera, ele nunca me amara. Nenhuma união é durável se o amor entre os dois não existir. Se tivesse dado certo, eu fizera algo indevido, errado. Fiz, não deu certo, e o que paguei, mandei fazer, veio de imediato para mim; de qualquer forma, se não fosse de imediato, voltaria tempos depois, mas viria, é a reação. Isso ocorre com todos os nossos atos: bons ou não, retornam à origem.

Desencarnei quase que de repente. Senti um mal-estar forte, fui para o pronto atendimento, lá constataram que estava enfartando, fui levada para o hospital, para a Unidade de Terapia Intensiva (UTI), e dois dias depois desencarnei.

Meus filhos sentiram, mas, adultos e espíritas, lidaram bem com essa separação física. Minha filha e um filho continuaram morando no apartamento, que era alugado; o outro filho foi trabalhar em outra cidade. Visitava-os e os visito quando é permitido. Eles ficaram bem, casaram-se, têm filhos e não veem o pai.

Encarnada, participava de trabalhos de assistência social no centro espírita que frequentava e também ia com outros companheiros espíritas que, todos os domingos pela manhã, ajudavam moradores de rua. Não quis mais me envolver amorosamente com ninguém, meus filhos me bastavam. Tornei-me uma pessoa tranquila, prestativa e assídua no centro espírita.

Quando me senti mal, vi e entendi ir para o hospital, estar na UTI, e ouvi falar que faleci.

— *Fique tranquila! Durma!*

Escutei e obedeci. Acordei no Plano Espiritual num leito confortável, me sentindo muito bem e, ao olhar o quarto, eu, no leito, concluí que desencarnara. Recebi visitas e a principal foi a do mentor do centro espírita que frequentara. Isso me tranquilizou. Sabia que deveria ser grata pelo socorro, ser obediente, aceitar o que estava sendo oferecido e, logo que possível, ser útil, quis isso. Meus filhos me incentivaram e escutei deles:

— Fique bem, mamãe! Amamos você e queremos que fique bem.

— Não se preocupe conosco. O que importa agora para nós é que fique bem.

— Nada de querer voltar, por favor, fique aí!

Foi o que fiz, tentei, esforcei-me para ficar bem e estou. Amo morar no Plano Espiritual e a colônia onde estou.

Por que me tornei espírita?

Foi depois de fazer um trabalho indevido para separar meu marido de sua amante; o trabalho se voltou contra mim, me fez sofrer, ficar aflita e com muito medo; então fui procurar ajuda num centro espírita e me encontrei na religião dos espíritos, nos ensinos de Kardec, que relembram os ensinamentos de Jesus.

Marcília, a Márcia

Perguntas de Antônio Carlos

— Marcília, Márcia, você pensa que sua desencarnação foi assim tranquila pelo entendimento que teve no Espiritismo?

— Com certeza, foi, sim. Havia lido livros e, pelo que vi e ouvi no centro espírita, tinha ideia de como seria a desencarnação, o que encontraria e como deveria me comportar. Fiz também por merecer o socorro. Sempre fui uma boa pessoa, aquela que estava sempre fazendo favores; depois, espírita, fiz caridades e, o mais importante, doei do meu tempo, um pouco de mim.

— Você sabe do seu ex-marido?

— Sim. Encarnada, depois que nos separamos, eu o vi poucas vezes. De fato, ele, ao se separar de mim, o fez também dos filhos. Ausentou-se da vida deles. Eu tentei suprir essa ausência e eles não sentiram; se o fizeram, não reclamaram; depois, de fato, eles não se importaram. Ele dava a pensão que lhe era obrigatória e não dava mais nada a eles, nem parabéns pelos aniversários. Numa visita que fiz aos meus filhos, fui vê-lo. Entrei na casa dele, a energia era ruim, estavam lá dois desencarnados maus, eles não me viram, a energia deles era ruim, eu não me mostrei a eles, vibramos diferente. O casal estava na casa; pelo que percebi, era ele que fazia todo o serviço da casa; estava aposentado, mas tinha um outro trabalho de quatro horas diárias. Ele se tornou uma pessoa triste, estava infeliz. Ela não aparentava se sentir bem; embora a idade lhe tivesse deixado os sinais, estava muito arrumada, pensava no encontro que tivera, ela o traía, tinha dois amantes. Estava ali há oito minutos quando o filho deles entrou; arrepiei-me ao ver o garoto, um adolescente de dezessete anos, que poderia ser bonito se não fosse pelo seu olhar arrogante e desafiador. Chegou, não disse nada e logo começou uma discussão entre ele e a mãe, e com xingamentos. Meu ex-marido olhava com tristeza a cena e, talvez por eu estar ali, lembrou-se de mim, dos nossos três filhos, os comparou com aquele e deu um longo e triste suspiro. Saiu da cozinha e resmungou: "Nossas escolhas! Que escolha errada que fiz! O que será de mim?". *"Ore!"*, tentei fazê-lo orar. Nisso ocorreu uma gritaria, então o mocinho foi até o pai e gritou para ele: "Corno! Reaja e bata nela!". Ela foi atrás gritando também, os dois desencarnados riam, eu saí e não voltei mais. Pensei: *"Escolhas! Como é triste escolher errado!"*.

— No futuro, o que você planeja fazer?

— Eu — Marcília pensou um pouquinho e respondeu — penso em ficar desencarnada por muito tempo, continuar trabalhando e aprendendo.

— Você se arrependeu de ter ido naquele lugar na tentativa de segurar o marido?

— Sim e não — respondeu nossa convidada. — Sim, porque não se deve fazer algo assim, interferir no livre-arbítrio do outro não é certo, embora ela tenha feito um trabalho parecido para ficar com ele. E não, porque o malfeito indevido se virou contra mim, procurei ajuda e me encontrei no Espiritismo.

— Agradecemos muito ter nos contado sua história de vida.

— De nada. Adeus!

Explicação de Antônio Carlos

A mediunidade é herdada geneticamente, é do corpo físico. Quando um espírito se prepara para ser médium, ele vem predisposto. É como herdar os olhos azuis, o nariz grande, cabelo preto etc. Se ele planejou, a mediunidade fará ele procurar ajuda, porque sentirá necessidade de entender esse fenômeno. Mas, se ele herdar e não se comprometeu no Plano Espiritual, vive bem com ela sem trabalhar ou entender. Um desencarnado morador do Umbral também pode optar ser médium ostensivo, para que, encarnado, use a mediunidade com a intenção de ganhar dinheiro, ter poder, fazer com que tenham medo dele. Alguns desencarnados no Plano Espiritual planejam fazer o bem com a mediunidade, porém, com as facilidades apresentadas por esse trabalho mediúnico, que pode ser rentável, se perdem. Assim, existem, infelizmente, muitos locais que fazem o que lhes é pago: fazem o bem para uns que pode resultar no mal para outros; justificam que castigam os que merecem etc. Com os encarnados, estão muitos desencarnados que gostam de estar junto, compartilhando dessas façanhas, e, para fazê-las, exigem encomendas. Eles recebem coisas de que gostam, garrafas de bebidas, alimentos etc. Os encarnados colocam essas encomendas em determinados locais, então os desencarnados sugam as energias desses alimentos e se sentem alimentados, muitas vezes ficam bêbados. Também eles sugam os encarnados que comem e bebem. É deprimente vê-los. Por isso eles, os desencarnados, fazem o que os encarnados pedem. Separar casais, eles dizem ser fácil; encarnados se desentendem facilmente. Juntar outros casais, principalmente se os dois vibram igual, também não é difícil. Porém isso é algo que não é natural, não tem duração porque não existe amor. Mas lembro que, em pessoas boas, que fazem caridade, que oram, têm alguma religião, é difícil pegar algo assim.

O homem naquele local que atendeu Marcília era com certeza o dirigente, ele tentou fazer o que lhe fora pago, porém a pessoa que receberia, a amante do ex-marido, pertencia a outro terreiro; ele não quis briga com essas outras pessoas e tratou de desfazer. Também acontece de o que recebeu procurar outro lugar para desfazer e, para não ter desentendimento, não é feito o trabalho. Tenho conhecimento de casos em que aquele que recebe procura o mesmo lugar para desfazer. E normalmente não há honestidade: é faz e desfaz, recebendo de ambos. Porém os desencarnados que trabalham com essa mulher quiseram dar uma lição em Marcília, passaram a assustá-la e se divertiram. O dirigente que recebeu e não fez lhe deu uma saída. Ele não podia com eles, não queria briga com outro local como o dele, mas ela poderia procurar o Espiritismo que eles a ajudariam; e, se isso ocorresse, o grupo de que se dizia amigo, mas era rival, se enfraqueceria, isso era bom para ele. Pessoas assim não confiam em ninguém e não são confiáveis.

Esse local ao qual Márcia, Marcília, foi, que sua colega chamou de "terreiro de macumba", certamente tinha nome, todos têm. Infelizmente muitos locais assim usam nomes indevidos, como "centro espírita", "umbanda" etc. Esclareço que nem os espíritas nem os umbandistas fazem esse tipo de trabalho que resulta em mal para alguém. São locais que fazem realmente o bem.

De fato, quando vai alguém aos centros espíritas, como ocorreu com Márcia, Marcília, os trabalhadores tentam orientar esses desencarnados e realmente ajudam o pedinte, aquele que foi em busca de ajuda. O fato é que os desencarnados que se agrupam nesses trabalhos não gostam dos espíritas nem do Espiritismo.

Temos o livre-arbítrio para fazermos o que queremos, inclusive com a mediunidade, porque com ela se pode fazer o bem e o mal, porém são atos que têm retorno.

Bem-aventurados os médiuns que fazem o bem com a mediunidade, porque, quando se faz o bem para o outro, primeiro se o faz para si.

Capítulo 4

O PAI DESENCARNADO

Morávamos numa cidade de porte médio pequeno; a denomino assim porque não era pequena nem grande, mas era menor que a média. Local pitoresco e agradável. Fui filho único, morávamos num bairro bom, numa casa com um terreno enorme, e meus pais fizeram uma horta e vendiam verduras. Meu pai trabalhava na estação ferroviária e, no período em que não estava na estação, cuidava da horta; minha mãe vendia as verduras, as pessoas iam lá comprar. Eu ajudava pouco, fazia alguns trabalhos na casa. Meu pai queria que eu estudasse, estava sempre falando isso, que eu iria estudar, cursar uma universidade. Eu estudava numa escola particular e também em outra de idiomas.

Para mim tudo estava bem: eu estudava, era muito bom aluno e meu pai se orgulhava disso. Nunca vi meus pais discutirem, os dois combinavam muito, e papai fazia tudo para agradar mamãe.

Estava com dezesseis anos quando ocorreu uma tragédia para nós. Na estação ferroviária, onde meu pai trabalhava, houve uma tentativa de assalto: três ladrões iam assaltar o trem, pois em um dos vagões estava uma remessa de dinheiro, mas nele também estavam dois seguranças. Um dos ladrões pegou um dos seguranças pelo pescoço e ameaçou matá-lo se o outro não abrisse a porta do vagão. Meu pai veio por trás e deu um golpe nas costas do ladrão que rendia o segurança. Deu certo, e ele soltou o homem, que correu e entrou no vagão. O outro ladrão deu uma coronhada na cabeça de meu pai, que caiu e bateu com a cabeça no chão, foi ferido em dois lugares. Nisso chegou a polícia, houve troca de tiros, dois ladrões foram presos e o outro fugiu. Socorreram meu pai, mas infelizmente ele faleceu, desencarnou.

Nossa vida se modificou. Sofremos muito. A ferroviária facilitou tudo, mamãe recebeu uma boa indenização e passou a receber a pensão. Ela não conseguia mais cuidar da horta sozinha, então arrumou um senhor, um homem, para fazer o trabalho pesado e continuou a vender verduras.

Continuei a estudar, estava no segundo ano de técnico de contabilidade. Mamãe quis que eu continuasse estudando.

Não posso dizer que minha vida mudou muito, a rotina continuou, somente sentia falta de papai.

Um ano se passou, eu estava no último ano e ia me formar. Não queria continuar estudando, penso que nunca quis, era meu pai que queria; eu não sabia o que fazer e, se estudasse, o que escolher? Depois, para cursar uma universidade, teria de morar fora, ficaria muito caro.

Minha formatura foi triste sem meu pai. Resolvi fazer uns cursos e saí da escola de idiomas. Foi então que houve uma mudança. Minha mãe estava com trinta e oito anos, era bonita e começou a sair de casa, passear, ir a bailes, festas e arrumou um namorado. Esse homem, namorado de minha mãe, tinha quarenta e cinco anos, era separado e tinha dois filhos adultos.

Eu não gostei dele nem de que mamãe namorasse, mas tudo bem; porém, de repente, comecei a sonhar, a ter pesadelos; nesses sonhos via meu pai bravo, ele não queria que minha mãe, sua "mulher", como ele falava, namorasse, e queria que eu impedisse. Quando sonhava, acordava apavorado, suando e não dormia mais, ficava com medo. Depois, além dos sonhos, acordado, sentia alguém perto de mim, arrepiava-me e ficava nervoso. Resolvi falar com minha mãe e pedir para ela não namorar, que não deveria esquecer o papai.

— Fernando — ela tentou me explicar —, seu pai e eu combinávamos muito, eu sofri quando ele faleceu, mas a vida continua, sou jovem, quero ter uma companhia, meu namorado é uma boa pessoa, mereço recomeçar minha vida.

Escutei calado, queria concordar, pelo menos naquele momento o fiz, mas logo estava nervoso e não queria minha mãe com outro. Passei a ser um problema. Alimentava-me pouco, emagreci, não prestava atenção no curso, não estudava, não dormia bem e ficava muito calado. Continuei a ter os sonhos em que meu pai pedia para separar minha mãe daquele homem. Meus avós interferiram, me pediram para parar de agir como menino mimado e falaram que minha mãe tinha o direito de ter outra pessoa, que ela era muito nova para ficar sozinha. Escutei calado. Parte de mim entendia, mas logo ficava nervoso e não queria.

Num sábado, esse homem foi buscar mamãe para sair. Eu o esperei, avancei nele com socos e pontapés, mas ele somente se defendeu e foi embora. Mamãe não falou nada, somente chorou. Fiquei contente e ao mesmo tempo aborrecido, não queria ter feito aquilo. Estava muito estranho. Na segunda--feira, mamãe me levou ao médico e ele não encontrou nada de grave, mas estava anêmico, receitou muitos remédios. Mamãe resolveu não ceder à minha chantagem e trazer o namorado para dormir em nossa casa.

— *Suicídio! Suicídio!* — escutei.

— Vou me suicidar! — disse para minha mãe.

— *Mas não se suicide, somente ameace* — escutei.

— Meu filho, não fale assim — pediu mamãe.

— *É isso aí: a apavore* — a voz insistiu.

Mas à noite ela se arrumou e saiu com aquele homem.

Tive um pesadelo naquela noite. Vi meu pai, quis correr, ele me segurou.

— *Mate-o!* — meu pai ordenou.

— Se matá-lo, irei preso — argumentei.

— *Pense num modo de matá-lo e escapar. Irei ajudá-lo.*

— Mamãe logo arrumará outro — disse.

— *Então mate sua mãe!* — Papai ficou mais calmo com a solução que encontrou. — *É isso: mate sua mãe, assim ficaremos juntos vagando por aí. Mate sua mãe! Eu ordeno! Moleque imprestável! Não faz nada! Não consegue nem impedir o namoro dela! Não me obedece! Não serve para nada! Seja útil pelo menos uma vez na sua vida. Obedeça-me!*

— Não! Não! — acordei gritando.

Mamãe entrou no meu quarto. Eu a olhei e pedi:

— Ajude-me!

Ela voltou para seu quarto, o namorado estava lá.

Eu, com medo, sentei na cama e não quis dormir mais. Comia pouco, dormia muito mal, estava magro e pálido, afastei-me dos amigos e eles me achavam estranho, doido. E, desde essa noite, pensava muito em como matar minha mãe, mas, ao pensar, eu chorava, me entristecia e não sabia o que fazer.

Minha mãe com certeza não sabia o que fazer comigo, pediu ajuda à mãe dela, minha avó me levou para morar com ela. Na casa de vovó me senti um pouco melhor. Vovó me enganou, disse que íamos tomar sorvete e me levou a um centro espírita. Vovó ia de vez em quando a esse centro espírita. Nós, papai, mamãe e eu, falávamos ter uma religião, mas não éramos assíduos nem costumávamos orar.

Entramos num salão e um grupo nos esperava; vovó entrou comigo numa salinha e sentou-se ao meu lado. Um grupo de pessoas nos rodeou. Vovó segurou minha mão e pediu:

— Vamos orar, Fernando. Ore para Jesus ajudá-lo.

Eu orei de forma confusa, comecei com Ave-Maria e fui mudando para o Pai-Nosso. Resolvi somente rogar.

— Jesus, me ajude! — exclamei alto.

— Ele, Jesus, vai auxiliá-lo! — disse um senhor e sorriu para mim.

O grupo, cinco pessoas, se aproximou com as mãos estendidas sobre mim. Senti meu pai e ele estava irado, ele quis me fazer levantar e xingar, mas a sensação passou rápido. Senti que ele foi afastado, obrigado a sair de perto de mim. Um senhor começou a falar e eu senti, vi ser meu pai que falava, e o senhor repetia. Ele ameaçou me dar uma surra e também bater em minha avó. Xingou-me, repetiu que eu era imprestável, um moleque que não servia para nada, que eu era um mau filho etc.

O senhor que nos atendeu precisou ser enérgico com ele, amarrá-lo e impedi-lo de continuar ofendendo.

— Por que isso? — indagou o doutrinador. — Sabe que morreu, desencarnou, seu corpo está apodrecendo no cemitério, sua vida mudou e deve aceitar. Por que está fazendo isso com o menino? Pare com isso!

— Ele tem que matar! Impedir! — Através do médium, ele tentou xingar, mas o médium não repetiu.

— Você o ama? Ama seu filho? — o doutrinador perguntou.

— Até que amo. Queria que ele fosse diferente. Que tomasse uma atitude. Que fosse homem. Que agisse como homem.

— Fazendo-o se suicidar? Não sabe que suicidas sofrem muito? Quer isso para ele? Matar? Quer que ele se torne um assassino? Passar anos numa prisão? Isso é amor?

— Ora, tudo tem seu preço. Eu...

— Chega! Você irá ficar amarrado e o levaremos para um local de onde não poderá sair. Lá, um espírito irá conversar com você. Espero que entenda e aceite estar desencarnado.

Papai ia ficar bravo, mas foi retirado e levado embora. Eles me deram passe, eu fiquei me sentindo mole, vovó pegou na minha mão, agradeceu e saímos. Na casa dela eu me alimentei, deitei e dormi por nove horas seguidas. Acordei me sentindo bem, vovó organizou minha vida e decidiu que eu deveria ficar morando com ela. Minha mãe achou melhor, e o namorado foi definitivamente morar com ela. Mamãe recebia pelo que vendia da horta, pagava o empregado, mas tinha lucro, e também recebia a pensão pela morte de meu pai. Ela não queria me dar nada, vovó a obrigou a pagar meu curso e a me dar dinheiro para minhas despesas pessoais. Vovó foi muito carinhosa comigo. Nós dois, vovó e eu, passamos a ir duas vezes por semana ao centro espírita para assistirmos palestras e recebermos o passe.

Fui voltando ao normal, os amigos se reaproximaram. Convidado no centro espírita para ir às reuniões da Mocidade Espírita, fui, gostei e fiz novos amigos. Acabei o curso e foi um senhor espírita que me arrumou emprego. Mamãe não me deu mais nada, a via muito pouco, não fui mais à casa em que morara para não ver o companheiro dela, que também não queria me ver. O fato é que minha mãe não ligou mais para mim. Estava bem com vovó; com meu ordenado, além de fazer minhas despesas, ajudava na casa. Fiquei bem.

Soube que meu pai ficara num posto de socorro num local onde foi impedido de sair; foi muitas vezes ao centro espírita, nas reuniões de orientações a desencarnados, para receber esclarecimentos, mas não foi fácil ele aceitar, de fato ele não queria a ex-esposa com ninguém. Foi depois de um tempo que aceitou, ficou por meses num posto de socorro e depois reencarnou longe de onde morávamos.

Gostei do acolhimento que recebi no centro espírita; minha avó, grata, tornou-se assídua. Eu, além de ir com ela às palestras, ia aos encontros da Mocidade.

Trabalhando bem, fui promovido, ganhava razoavelmente. Conheci uma moça e começamos a namorar, ela era evangélica e queria que eu fosse com ela ao seu culto. Pensei bem e decidi:

— Sou espírita! Não irei mudar de religião. Se isso a incomoda, é melhor parar por aqui.

Deixei-a em sua casa e não fui mais encontrá-la.

— É porque não gosta dela! — opinou vovó.

— Até que gosto, mas eu poderia gostar mais. Porém, vovó, eu tenho o exemplo de dentro de casa. Papai amou tanto minha mãe a ponto de me prejudicar, de fazer todos infelizes. Quero amar sem perder o raciocínio. O Espiritismo me ajudou. Se a senhora não tivesse me levado lá, não sei o que teria acontecido comigo. Depois, me encontrei com Deus, Jesus no Espiritismo.

Não irei mudar de religião. Eu poderia muito bem conviver com ela tendo outra religião, mas não mudo a minha.

— Isso, Fernando — concordou vovó. — Seja grato!

Ela veio me procurar, disse que não queria me fazer mudar de religião. Resolvi deixar tudo explicado, fui à casa dela e conversei com seus pais:

— Sou espírita! Amo ser! Ela me conheceu assim. Estou aqui para dizer: não irei mudar de religião nem quero que ninguém mude. Deixo claro: podemos namorar, casar, se der certo. Mas vou continuar sendo espírita. Nem pensem em me fazer mudar. Fui claro? — repeti. — Não quero que pensem que depois irão me fazer mudar. Religião boa é aquela que faz bem à gente. Não quero nem ouvir falar de outra religião. Se vocês me aceitarem assim, eu os aceito; se não, não iremos namorar.

Concordaram. Casamos e, nesse "porém", religião, deu certo. Ela ia aos cultos dela, e eu, ao centro espírita. Formamos um casal que deu certo, combinávamos e nos queríamos bem!

Vovó desencarnou. Sentiu-se mal e foi ao médico; no consultório, teve uma parada cardíaca, foi para o hospital e desencarnou. Eu senti muito, amava vovó.

Tive duas filhas que, pequenas, iam ao culto com a mãe. Combinamos que, quando elas crescessem, eu falaria para elas de minha religião e elas escolheriam a que queriam seguir.

A casa em que morei com meus pais ficou, pelo inventário, cinquenta por cento para mim, e a outra metade, para mamãe. Ela quis vender, e eu não aceitei. Mamãe e seu companheiro, ela não se casou para continuar recebendo a pensão, viajavam, passeavam e fizeram dívidas, e ela hipotecou a parte dela. Então concordei em vender, ela pagou a dívida, e eu peguei a minha parte. Eles foram morar numa casa alugada. Mas minha mãe com pouco dinheiro, os dois, ela e o companheiro, se desentenderam e o homem a abandonou.

Organizei a vida dela, que foi morar numa casa pequena, num bairro simples, agora ela tinha somente a pensão que recebia.

Foi confusa minha convivência com meus pais. Para mim, tudo estava certo até papai desencarnar. Ele, pela paixão doentia que nutria pela minha mãe, me prejudicou e não aconteceu o pior porque vovó me levou ao centro espírita. Papai não pensou em mim, tanto que propôs que me suicidasse ou matasse, sem se importar com o que ocorreria comigo se eu fizesse o que ele queria. Mamãe também não se importou comigo, sentiu-se aliviada quando fui morar com vovó. Ela, me vendo com problemas, não deu importância. Com esse mau exemplo, quis ser diferente, ser bom pai e fui.

Mamãe morou sozinha por uns anos, mas tinha namorados; por vezes ela me pediu dinheiro e eu dei, mas não tudo o que ela queria porque era para coisas supérfluas. Não quis me reaproximar dela nem que ela convivesse com minhas filhas, mas mamãe não se importou em ser avó. Ela desencarnou sozinha, a encontraram morta em sua casa. Pedi por ela no centro espírita e orei para ela ficar bem.

Uma das minhas filhas passou a frequentar o centro espírita e se tornou espírita; a outra não, seguiu a mãe. Nós todos convivemos bem em religiões diferentes.

Fiquei doente por meses e desencarnei. Fui socorrido e logo estava bem.

Mamãe sofreu quando desencarnou, vagou por anos e foi socorrida. Quando eu desencarnei, encontrei-me com ela, que me pediu perdão. Reconciliamo-nos.

Por que me tornei espírita?

Pela obsessão do meu próprio pai. Recebi grande auxílio na casa espírita. Fui, sou grato.

Fernando

Perguntas de Antônio Carlos

— Você não falou se era muito assíduo na casa espírita. Era?

— Enquanto eu frequentava a Mocidade era muito assíduo. O grupo organizava campanhas, íamos levar ajuda a bairros pobres, foi um período muito bom. Depois, adulto, casado, continuei indo à casa espírita, mas menos vezes, raramente ia duas vezes, e até pulava uma semana. Mas sempre ajudei na manutenção da casa, lia livros e participava das campanhas. Depois que desencarnei senti não ter participado mais, aproveitado para aprender e ter sido mais útil.

— Você, em algum momento, ficou magoado com as atitudes de seus pais?

— Não, não fiquei. Quando papai me atormentou, sofri muito porque não queria me suicidar nem matar ninguém. Foi após ter passado tudo e eu me sentir bem que entendi que ele agira errado querendo me obrigar a fazer o que ele queria, mas eu, já com entendimento espírita, senti dó dele e queria que estivesse, ficasse bem. Vovó, quando fui morar com ela, passou a ser minha mãe; adulto, tentei entender mamãe; nessa época, não consegui, mas também não senti raiva dela. O que eu tentei, me esforcei, foi não ficar com pena de mim. Mamãe me abandonara. Não sei se ela se arrependeu encarnada; depois que desencarnou, sim. De fato eu não consegui entendê-la.

— O que pretende fazer nesse período em que ficará desencarnado?

— Estou estudando muito e quero, já pedi e me foi dada a oportunidade de trabalhar na equipe desencarnada do centro espírita que frequentava ao qual minha filha vai. Quero trabalhar no centro espírita.

— Desejo que faça um bom trabalho, agradeço por ter aceitado nosso convite e ter nos brindado com sua história de vida.

— Senti-me honrado por ter sido convidado e aguardei ansioso para fazer isso. Gostei muito. Eu que agradeço. Talvez o que ocorreu comigo seja exemplo para ninguém cultuar uma paixão doentia como a que meu pai sentia pela minha mãe. Que Deus nos proteja!

Explicação de Antônio Carlos

Infelizmente acontece muito de um do casal desencarnar e o desencarnado querer controlar a vida do outro que está no Plano Físico. Uns querem ajudar o que está ainda usando o corpo carnal, não querem que ele sofra e, ficando junto, complicam a vida de ambos. E, de volta ao lar, normalmente ficam mais próximos da pessoa mais sensível, se tornando um problema grave para esse encarnado e, consequentemente, para todos na casa. Trocando energias e sendo vampirizada, muitas vezes a pessoa adoece. Sei de um caso em que o encarnado, filho, nessa pressão, quis morrer, suicidar-se; isso assustou a desencarnada, que pediu ajuda. Quando isso ocorre, de o desencarnado voltar ao seu antigo lar terreno, é perigoso, porque ele corre o risco de ser preso por espíritos maldosos e levado para o Umbral como escravo. Também pode acontecer de a família, sem conhecimento, não entender, procurar auxílio em locais que não são caridosos e prender o desencarnado em locais de sofrimento. "É o desespero", queixam-se esses imprudentes. Eu entendo; eles, vendo a família em dificuldades, querem ajudar, porém somente ajuda quem sabe. O que mudou de plano deve compreender que ele de fato auxilia ficando socorrido, orando por aqueles que ama e confiando. Porque os momentos difíceis passam para ele, e também passarão para todos. Os encarnados com certeza se organizarão e ficarão bem depois que o momento complicado passar.

Alguns desencarnados não querem que o que ficou refaça sua vida, principalmente que tenha outro relacionamento. Porém impedir não é fácil, aí ele sofre e tenta fazer sofrer. Quando envolve paixão doentia, se torna grave, e muitos dissabores ocorrem. Muitos erros são cometidos pela paixão, e isso infelizmente ocorrerá até que se aprenda a amar.

Ainda bem que Fernando teve o apoio, o carinho da avó, porque, jovem, ficou numa situação complicada. O pai desencarnou, ele era uma pessoa que não via mais nada a não ser sua vontade, que, naquele momento, era que a ex-esposa não se envolvesse com ninguém. Focou tanto nisso que não se importou com o filho, chegou a lhe pedir para se suicidar e depois que matasse, não ligou se o filho ia ou não sofrer. Depois, a mãe, vendo o filho com problemas, preferiu deixá-lo com sua mãe, a avó, e se envolveu com o namorado, anulando seu amor materno. Ela poderia refazer sua vida, mas sem desprezar o filho.

De fato, poderia ter ocorrido algo pior. Fernando foi grato, e o é até hoje, ao Espiritismo, à Doutrina Espírita.

O pai demorou para entender, talvez nem o tenha feito completamente; ele foi trazido muitas vezes ao centro espírita para receber orientação, para fazê-lo entender que deveria seguir com sua vida desencarnado, e com certeza encontraram uma solução: ele reencarnou, e longe do lugar em que morara.

Ninguém deve amar outra pessoa mais do que a si mesmo. Jesus recomendou amar igual, não mais. Porque, quando esse amor se torna demais, normalmente passa a ser paixão, e o perigo é que esse sentimento se torne doentio.

Tornar-se viúvo pode não ser fácil, nem para aquele que mudou de plano, nem para o que ficou. O desencarnado tem de entender que sua vida se modificou, que deve ficar bem, ser socorrido, não sair sem autorização, entender que ele está tendo uma continuação de vida e que é justo que o outro que ficou encarnado recomece sua vida. Ninguém é de ninguém! Podemos somente passar um tempo juntos. Porém um casal, duas pessoas que se amam mesmo podem ficar um período separados fisicamente, mas o amor continua e eles ficarão juntos no Plano Espiritual; só que, para isso, o amor deve ser recíproco. Lembro que quem ama quer o bem do ser amado, o quer bem e feliz, estando longe ou perto.

O amor precisa ser compreendido para vivermos bem.

Capítulo 5

O ABORTO

Minha vida tem histórias, mas a maioria delas não me afetou. Morei com minha mãe e com aquele que pensava ser meu pai; tive somente um irmão, que era bem mais novo que eu. Foi por escutar uma conversa de minha avó com duas tias que soube que aquele que eu pensava ser meu pai não o era. Quis saber o que acontecera, perguntei à vovó e a fiz me contar. Eu era o fruto de um estupro. Mamãe, muito nova, com quinze anos, fora estuprada e eu nasci. Eu estava com três anos quando minha mãe conheceu aquele que eu julgava ser meu pai, se casou e ele me assumiu. Quando descobri, era adolescente, poderia me revoltar, mas não o fiz. Mamãe me amava, todos da família e o marido dela também me queriam bem. Resolvi continuar como se não soubesse, mas quis saber quem era o meu pai biológico. Mas ninguém na época ficou sabendo, então resolvi esquecer.

Estava com dezoito anos, tivera alguns namorados, mas sem importância. Conheci aquele que se tornou meu marido. No segundo encontro nos tornamos namorados. Amamo-nos. Casamos após nove meses de namoro. Por sessenta e dois anos estivemos juntos, sempre nos amando de forma sincera, querendo o bem um do outro. Completávamo-nos, como costumávamos afirmar.

Pelo serviço de meu marido, mudamos algumas vezes de cidade. Tive uma filha, ela estava com três meses quando fiquei grávida novamente. Tínhamos acabado de mudar de cidade, estávamos nos adaptando e com a filhinha nenê, então optamos por fazer um aborto. Embora fosse proibido, o fiz com segurança, num hospital, com um médico que cobrou caro.

Mas isso que fiz passou a me incomodar e também ao meu esposo, e esse incômodo se tornou cada vez mais forte. Entristeci-me e pensava:

"Por que fiz isso? Será que matei uma pessoa? Um filho? Mamãe, mesmo sendo estuprada, não me abortou".

Comecei a ficar triste, a chorar, não me alimentar direito nem dormir. Sentia a dor do remorso, e de fato me arrependi. Escutei asneiras como: "se aborta um, Deus lhe tira o outro"; "matou e vai para o inferno"; e outras coisas que nem é bom lembrar. É verdade que o aborto é um erro, mas não algo terrível que não tenha reparação.

Fui a um médico ginecologista, pois estava com uma ferida no útero e tive de fazer um tratamento. Não estava bem e pensei em ir consultar um médico psiquiatra, quando meu esposo encontrou uma solução.

— Selma, escutando conversas, meus colegas comentavam de um senhor espírita que é um sábio e que ajuda muitas pessoas. Ele mora numa casa onde, no fundo, está um centro espírita.

Penso que seja hora de procurarmos uma religião para seguir. Falamos que temos uma, mas não frequentamos. Algo que escutei, que está me fazendo pensar, é no que os espíritas acreditam: a reencarnação. A Terra, nosso planeta, é habitada por milhares de anos. Onde estão essas almas? Penso que no nosso mundo tenha determinado número de espíritos e que eles morrem e depois voltam a nascer em outros corpos diferentes. Isso é reencarnação!

— Será? Será que devemos ir? — Fiquei indecisa.

— Sim, devemos ir. Se ele ajuda muitas pessoas, talvez ele possa nos ajudar a entender o que fizemos e nos aconselhar sobre o que temos de fazer.

Concordei e fomos. Esse senhor muito simpático, de sorriso franco, olhar bondoso, nos recebeu com alegria. Senti-me bem na presença dele. Após cumprimentos, apresentações e meu marido falar no que trabalhava, ele nos indagou do porquê de estarmos ali. Meu marido contou:

— Senhor, estamos entristecidos, aborrecidos e...

— Arrependidos — completei.

— É isso — continuou meu marido a falar. — Fizemos um aborto.

Falando rápido, meu esposo contou o que havíamos feito. O senhor escutou atento, depois nos deu uma preciosa lição:

— Quando entendemos que cometemos um ato errado, que não devia ter sido feito, temos que entender que devemos começar a nossa mudança interior, a nos modificar e fazer um propósito de não o cometer mais; estaremos, assim, nos educando. Porém, ao entender, não devemos nos entregar ao remorso destrutivo, não se deve se consumir no arrependimento, porque somente sentir remorso e nada fazer é negativo. Vocês devem se perdoar, pedir perdão a esse espírito e propor a ele que volte, que vocês o receberão com carinho e amor. Perdoem-se, então começarão a se equilibrar. Tudo passa mais fácil quando reparamos nossos atos errôneos.

— Como poderemos pedir perdão a esse espírito? — quis saber.

— Voltem para seu lar; quando a nenenzinha dormir, ficando somente vocês dois, orem, peçam a Deus perdão e roguem perdão a esse ser que seria o filho de vocês. Serão perdoados. Então peçam a ele que retorne, que será aceito e muito amado.

Ele nos deu passe e um livro, *O Evangelho segundo o Espiritismo*, de Allan Kardec; pediu para lermos um texto todas as noites. Meu esposo, vendo um cartaz com os horários das atividades da casa, perguntou se poderíamos ir, e ele respondeu:

— Será um prazer vê-los aqui.

Em casa, nós dois choramos aliviados e eu estava me sentindo bem. Assim que nossa filhinha dormiu, lemos um texto do livro que ganhamos, oramos, choramos e eu pedi:

— Deus, sei que sempre nos perdoa quando rogamos perdão com sinceridade, então rogamos que nos perdoe. Também imploramos perdão ao espírito que vinha ser nosso filho e que rejeitamos. Perdoe-nos, espírito! Perdoe-nos! Venha ser nosso filho! Por favor!

Meu marido, também chorando, pediu a mesma coisa. Sentimos a paz do perdão. Combinamos que, assim que terminasse o tratamento e o médico me liberasse, eu tentaria engravidar.

Fomos a uma reunião no centro espírita, mas minha filhinha não ficava quieta; mesmo assim, eu prestei atenção na palestra que um senhor fez. Foi "Com a mesma medida com que medirdes ser-vos-á medido", de Mateus, capítulo sete, versículos um e dois. Disse o orador:

— O Universo é equilibrado pelas leis de Deus; para isso existe a Lei do Retorno. Neste mundo de provas e expiações, convivemos com altos e baixos, sombras e luzes, o bem e o mal. Temos o livre-arbítrio de fazer o que queremos, mas os resultados de nossas ações são obrigatórios, e a reparação ocorre somente de dois modos: fazendo o bem ou passando por sofrimentos. Essa escolha depende de nós, do resultado de nossos atos. Quando se erra, se tem a culpa, a culpa leva ao sofrimento e, em muitos, essa dor faz a pessoa se reaproximar de Deus. Pelo erro, o ser se torna culpado, o que o faz se desequilibrar, e o sofrer muitas vezes o leva ao entendimento. Não devemos deixar a culpa ser negativa; devemos entender que erramos, anular a culpa e nos equilibrar pelo amor. Porque o amor produz o bem. Tornar positivo, fazer o bem e passar a medir tudo com compreensão e amor: essa é a receita para estar e se sentir bem. Muitos não costumam lembrar do fator positivo desse ensino de Jesus: que recebemos de volta o bem que fazemos. Uma coisa é certa: o erro causa sofrimento, o amor traz felicidade. Então é com a nossa medida, a que medimos, que seremos medidos.

O senhor terminou a palestra, recebemos o passe e voltamos para casa.

Essa palestra me confortou e eu não a esqueci. Tanto eu como meu esposo aprendemos muito. Erramos, sofremos e estávamos tendo a oportunidade de nos equilibrar. Fizemos nós dois um trato de prestar atenção nos nossos atos.

Optamos por ir um de cada vez às reuniões de palestras e passes, um ia e o outro ficava com a nenê. Meu marido passou a frequentar o grupo de estudos; ele depois me passava a aula que assistia. Passamos a ler, eu gostava de romances, e ele, de livros de estudos; conversávamos contando um para o outro o que líamos.

O médico me liberou e, no segundo mês, engravidei, nasceu o nosso filho.

— Tenho a certeza de que foi ele que voltou, o senhor espírita sempre se referiu ao feto por "ele".

Foi muito bom receber esse filho. Logo depois, meu esposo foi transferido, despedimo-nos desse senhor e novamente o agradecemos. Na cidade em que fomos morar, procuramos um centro espírita e passamos a frequentá-lo; nesse, podíamos, num certo dia da semana, levar crianças para receber o passe, meu esposo frequentava o grupo de estudos.

Fiquei grávida novamente e completamos a família com três filhos. Com eles maiores, íamos ao centro espírita; eu aprendi a trabalhar com a mediunidade, recebia desencarnados para serem doutrinados, e meu esposo aprendeu a orientá-los. Sempre que nos mudávamos, procurávamos um centro espírita para frequentar, trabalhar e continuar estudando.

Os filhos cresceram, se formaram, casaram, meu esposo se aposentou e optamos por morar na última cidade em que ele trabalhou.

Com a idade, eu estava sempre adoentada, e uma das doenças que meu corpo físico tinha se agravou, fiquei internada num hospital por doze dias e desencarnei.

Minha desencarnação foi suave, tranquila, senti-me em paz, fui socorrida, aceitei o que me foi oferecido com gratidão. Porém, mesmo tendo entendimento, sabendo como seria a desencarnação e o que teria de fazer, eu senti. Senti falta de minhas coisas e muita do meu companheiro, que amei e amo, preocupei-me com ele. Meu marido também sabia o que deveria fazer, se esforçou e tentou mesmo não me prejudicar. Falava e fala sempre: "Será, querida, por pouco tempo". Ele sempre me chamou de "querida". Morávamos somente nós dois, tínhamos uma faxineira uma vez por semana. Ele está vivendo do mesmo modo, mas agora sozinho; está idoso e também está adoentado. Os filhos se preocupam com ele e estão sempre o visitando, telefonam todos os dias. Ele não quer preocupá-los e se esforça para ficar bem; chora de saudades, mas expressa: "Querida, são somente lágrimas de amor, não se preocupe comigo, vai volitar, você sempre quis volitar". Está sempre me incentivando. De fato, sempre pensava, encarnada, como seria bom volitar; aqui no Plano Espiritual aprendi e de fato volito sempre. Eu estou esperando por ele. Moro numa casinha linda com outras pessoas, todas boas. Isso é maravilhoso, os moradores das colônias são todas pessoas boas. Tenho o nosso cantinho preparado para recebê-lo quando ele mudar de plano.

Por que me tornei espírita?

Pelo remorso e por ter entendido que podemos reparar todos os erros cometidos. Maravilha!

Selma

Perguntas de Antônio Carlos

— Você, quando encarnada, fez algo positivo em relação ao aborto?

— Sim, fiz. Sempre que possível eu falava do assunto. Mas foram poucas as vezes que falei o que fiz. Aconselhava muitas mulheres a não fazer. Uma vez, morando numa cidade, o grupo espírita descobriu que havia um local onde se faziam abortos. Fomos lá e ficamos na frente, sempre em duas ou três; abordávamos mulheres e pedíamos para repensar, falávamos do erro que seria cometido; muitas, decididas, não nos davam atenção, mas mudamos algumas do propósito. Por cinco vezes, meu marido e eu sustentamos grávidas até elas terem a criança, e essas foram levadas para adoção. Uma delas abusou e nos deu muitos problemas, nos denunciou e disse que vendemos o filho dela. O delegado não acreditou, ficamos chateados, mas não deixamos de fazer o que achávamos que deveria ser feito. Sempre que possível, nas palestras que meu marido dava e nos grupos de estudos, ele falava sobre o assunto: aborto. Mas, sem causar terror, comentava o tanto que é importante seguir adiante com a gravidez.

— Você ficou sabendo agora, desencarnada, quem foi o seu pai biológico?

— Por curiosidade, fui saber; era um homem que passava por ali, foi embora e desencarnou três anos depois assassinado, quando tentava estuprar outra jovem. Soube que ele sofreu muito no Umbral, agora está reencarnado e tem uma vida difícil. Espero que ele, nessa encarnação, não aja errado.

— Agradeço por ter nos contado o porquê de ter procurado o Espiritismo.

— Eu que agradeço. Amo a Doutrina Espírita. Amo mesmo! Continuo aqui no Plano Espiritual estudando a Doutrina.

— O que faz? Onde está?

— Moro numa colônia linda. Trabalho em uma enfermaria do hospital, cuido de pessoas que erraram, não se arrependeram quando encarnadas, nem repararam seus erros.

— Que Deus a abençoe!

— Obrigada!

Explicação de Antônio Carlos

Infelizmente, muitas pessoas dão suas opiniões errôneas sobre o aborto; a que muito escuto é que o abortado poderia ter sido alguém que descobriria o remédio para tal doença, que seria um pacificador, um cientista, um grande educador etc. Espíritos que devem reencarnar para fazer algo de bom para o próximo, para o planeta em que habitamos, que têm um trabalho edificante para fazer, sua reencarnação é preparada, assistida; às vezes é tão preparada que até seus pais o são. Então é difícil, diria impossível, eles serem abortados. Porém existe o livre-arbítrio e, se for abortado, refiro-me ao espírito, que pode ser feminino ou masculino, procura, com a equipe que o assiste, uma nova oportunidade com os mesmos pais, ou com outros.

Seria muito extenso falar sobre o assunto. A maioria dos abortados pelo aborto provocado, o espírito procura outros pais ou espera uma outra oportunidade com os mesmos, como fez o filho de Selma. Porém alguns abortados odeiam ter sido impedidos de reencarnar e às vezes passam a obsediar os pais ou a mãe, por julgá-la mais culpada.

Abortos espontâneos podem ocorrer por muitos motivos. A maioria ocorre porque o feto está com algumas anomalias e, se este reencarnante não precisa de uma encarnação num corpo não sadio, ele o abandona e ocorre o aborto. Lembro que deficiências físicas são transmitidas pelo espírito doente, porque precisa dessa vivência no físico.

Voltando ao aborto provocado. Que sábio conselho deu esse senhor espírita para Selma e o marido. É o que devemos fazer com todos os erros cometidos. Reconhecer que erramos, mas nada de remorso destrutivo ou querer nos punir, e partir para uma reparação, voltar a ter equilíbrio, fazer o bem e não errar mais.

Sei de muitas histórias de abortados. Muitos, após o ocorrido, passam a dar valor à vida física. Normalmente existem motivos, embora nem todos os casos, para passar por essa frustração, que é querer reencarnar e ser impedido.

Um espírito, que já estivera reencarnado junto de uma pessoa, se gostavam, quis ser filha dela com intenção de ser uma boa filha, que cuidaria deles, pai e mãe, na velhice, ela sabia que eles iriam passar por um momento difícil, de sofrimento. Ela seria o apoio, o consolo, a filha que, além de não lhes dar preocupação, os ajudaria. Mas o casal, já com três filhos, não quis o quarto e a abortou. Ela entendeu, procurou outros pais, reencarnou e é excelente filha, mas para outro casal. Conheci uma senhora que já tinha doze filhos e ficou grávida pela décima terceira vez. Aconselharam-na a abortar. Ela repelia o conselho e falava: "Antes mais um do que menos um. Esse será um presente que Deus está me dando!". De fato foi: essa filha se tornou, na adolescência, uma mãe para ela, cuidou dela com muito amor. Essa senhora lembrava sempre do presente que Deus lhe havia dado. Foi realmente um presente!

Nunca vi uma mãe, que é de fato mãe, se arrepender de não ter feito o aborto, mas vi muitas se arrependerem de ter feito. Entendo que muitas vezes o desespero se torna forte, defrontando-se com uma gravidez indesejada. Mas muitas vezes não é tão complicado assim; se procurar ajuda, sempre se encontra. Quero, nesta explicação, dizer que não existe peso igual para os mesmos erros, muitos fatos podem influenciar para os tornar mais leves ou mais pesados. Isso ocorre com todos os erros, mas deve-se ter em mente que ele existiu.

No Espiritismo, Kardec nos deixa claro um ensinamento sobre esse assunto. Aconselho todos a estudar as obras de Allan Kardec. Esse assunto, o aborto, está explicado na obra *O livro dos espíritos*, no capítulo sete, "Retorno à vida corporal", no segundo item, "União da alma com o corpo: aborto". Realmente, temos uma preciosa lição que vale muito reler na questão trezentos e cinquenta e nove: "No caso em que a vida da mãe estaria em perigo pelo nascimento da criança, há crime em sacrificar a criança para salvar a mãe? É preferível sacrificar o ser que não existe a sacrificar o que existe."

Então, na Doutrina Espírita, aceita-se somente o aborto provocado nesse caso; infelizmente, mesmo a Medicina fazendo muito nesse assunto, há casos que se encaixam nesse item: a vida da mãe ser preservada.

Em outros casos, é bem melhor deixar o filho nascer; se não pode criá-lo, que doe ou tente criar mais um. Se não quer ter filhos, evite a gravidez. Tenha quantos quiser, mas não opte pelo aborto.

Que Deus proteja todas as mães!

Capítulo 6

DECEPÇÃO

Vou começar pela resposta da pergunta: Por que me tornei espírita?

Foi pela decepção de ter tido uma filha com deficiência física e intelectual. Minha pequena, minha filhinha, tinha muitas deficiências. Quis saber o porquê e encontrei resposta na reencarnação, reconhecida pelos espíritas.

Nasci no seio de uma família tranquila de classe média alta, tive dois irmãos, e todos nós combinávamos muito e vivíamos em harmonia. Desde menina estudava muito, gostava de ler e era sempre a primeira da classe. Frequentava escolas de idiomas, falava bem três línguas e entendia outras quatro. De fato, amava aprender e o fazia com facilidade. Era inteligente porque a desenvolvi pelo trabalho e estudo. Nesta época achava que era inteligente porque Deus me fizera assim. Desencarnada, entendi que foi porque estudei e trabalhei. O fato é que amo aprender. O estudo no Plano Espiritual é fantástico, impressiona o conhecimento que temos aqui e que será passado no futuro para os encarnados. Isso porque espíritos que desfrutam, trabalham aqui, reencarnarão e, no Plano Físico, muitos estudarão para ter esses conhecimentos para usufruir deles encarnados. Isso me deixa entusiasmada e grata.

Adolescente, determinei que estudaria Medicina, foquei nesse plano e consegui passar, após um ano de cursinho, na universidade que queria, continuando a ser ótima aluna durante todo o curso. Saía com rapazes, mas não conseguia me entusiasmar com nenhum porque o homem ideal para mim teria de ser inteligente. No quarto ano, no oitavo semestre, conheci um rapaz, estudante de Engenharia, que pareceu ideal, muito inteligente e estudioso.

Penso que, para se formar um casal ideal, tem de haver algumas afinidades. Não era preconceituosa, mas, para conversar, conviver com alguém, a pessoa tinha que ter afinidade comigo. Não tolerava conversar por muito tempo com uma pessoa inculta. Deu certo o nosso namoro, preferíamos ir a bibliotecas, assistir palestras interessantes, fazíamos programas diferentes da maioria dos namorados. Formamo-nos e nos casamos. Com tudo montado, organizado, ele arrumou um bom emprego e eu abri um consultório, então optamos por ter filhos. Tive uma filha. Decepção! Ela tinha muitas deficiências. Por dias, eu fiquei alheia, em estado parecido com choque. Como?, eu me indagava. Como era possível duas pessoas com quocientes de inteligência (QI) altíssimos, muito acima da média, terem uma filha com deficiência intelectual? Foi difícil para mim amamentá-la. Meu marido também sentiu, chorou muito, mas a aceitou mais facilmente. Minha mãe nos ajudou a cuidar dela. Contratamos duas enfermeiras: uma para a noite e outra para, durante o dia, me ajudar. Não quis amamentá-la, e as enfermeiras ou minha mãe lhe davam mamadeira. Minha filha era feia. Dois meses depois, resolvi voltar ao trabalho, precisava me distrair, espairecer. Indagava-me sempre: Como eu, inteligente, e o pai, também inteligente, podíamos ter tido uma filha assim, com tantas deficiências? Como pode? Eu tinha certeza de não ter feito nada de errado. Não usava drogas, nem havia experimentado, e tinha certeza de que meu esposo também não. Estava agoniada.

Numa consulta uma paciente me falou:

— Doutora Maria Ana, por que está tão triste? É por causa de sua filhinha? Um filho especial é como o nome diz: especial.

— É que não entendo o porquê de ter tido uma filha assim, com tantas deficiências — respondi.

— Sou espírita e nós entendemos esse fato pela reencarnação.

— Como é isso? Explique-me — pedi.

— A senhora, sendo médica, deve ter visto muitas diferenças existentes. Não se perguntou o porquê? Deus nos ama igual, não cria um assim e outro diferente. Somos nós mesmos que nos fazemos diferentes. Isso é explicado para nós, espíritas, pela reencarnação.

Em casa, pesquisei sobre reencarnação e fez, para mim, sentido o que lera. Essa paciente me dera um cartão com o endereço de um centro espírita e escrevera o nome de uma mulher para que eu pedisse para conversar. Hesitei, mas fui.

Estava apreensiva e nem prestei muita atenção ao lugar; fui atendida, convidada a ir a uma sala, a senhora me atenderia em particular. Gostei disso; na sala, sentei ao lado dessa senhora, que gentilmente foi conversar comigo. Somente lhe disse:

— Tenho uma filha com deficiência física e intelectual. Por quê?

Ela me olhou, eu a olhei. Ela era uma senhora, deveria ter sessenta anos. Seu olhar me tranquilizou, e ela me explicou:

— Pela misericórdia de Deus, nascemos e morremos muitas vezes. Estamos sempre mudando de plano, do Físico para o Espiritual e do Espiritual para o Físico. Aquele que errou não é castigado pela eternidade; sofre, mas tem a oportunidade de voltar ao corpo físico para aprender a não errar mais. Volta e normalmente traz, transmite ao corpo carnal, a deficiência de seu espírito, deficiências estas causadas pelo remorso destrutivo. Você recebeu esse espírito, que necessita se harmonizar. Você ou seu marido, com certeza, deve ter participado de alguma forma de uma das vivências desse espírito.

— Eu não consigo amá-la — chorei lamentando.

— Primeiro perdoe. Sim, jovem mãe, perdoe para ser perdoada. Depois, esforce-se para amá-la. Ame-a! Amando, terá paz.

— A senhora falando, sinto que ela me fez muitas maldades — continuei a chorar.

Chorava sem fazer barulho e limpava rápido meu rosto. Deu-me vontade de abraçar aquela senhora, mas me contive; a olhei, ela sorriu para mim e continuou a me elucidar:

— Sentimos simpatizar com algumas pessoas e, com outras, sentimos nos serem antipáticas. Devemos cultivar somente as simpatias e não ter antipatias. A gente, porém, ama ou não. No entanto, é sábio amar a todos. Esse serzinho que esteve no seu ventre está junto de você, aceite-a e se esforce para amá-la. Se ela, esse espírito, lhe fez mal no passado, veja o resultado no presente. A maldade volta com o sofrimento. Essa volta dela perto de você, Deus permitiu, foi para se reconciliarem. Não a coloque, como já pensou, numa instituição; se isso ocorrer, será você que estará perdendo a oportunidade de se reconciliar, de aprender a amá-la.

Surpreendi-me ao escutar isso; eu já havia pensado, e por algumas vezes, em interná-la numa instituição que cuida de pessoas com deficiências, mas não havia falado a ninguém. Quando fui conversar com aquela senhora, pensei que ela ia falar o que já escutara muito, que era um privilégio ter um filho especial, que eu fora escolhida por Deus etc.

Eu peguei na mão daquela senhora e ela continuou a me aconselhar:

— Deus nos dá oportunidades de nos reconciliarmos, de ficarmos perto daqueles com quem, por um período, tivemos desavenças. Continue usando seu conhecimento, sua inteligência, para fazer o bem a outras pessoas, mas sem se esquecer do próximo mais próximo. Volte a ser uma companheira para seu esposo e seja mãe. Dois espíritos, estes sem carma negativo, estão esperando para ser seus filhos. Você terá de ensiná-los a amar a irmã, porque eles também foram prejudicados por ela. Ame-a! Ame sua filha! Pelo exercício diário, aprendemos a amar. Esforce-se para isso.

— Para cuidar dela, eu terei de parar de trabalhar — lamentei.

— Você pode continuar tendo pessoas para ajudá-la, estará pagando salários para quem precisa, elas cuidarão dela sob sua orientação. Volte para casa e, lá, a beije. Inclua nas suas atividades diárias o hábito de beijá-la sempre. Não se martirize, não se culpe, sentimentos são espontâneos, mas, quando queremos, mudamos. Se não gosta, pode gostar. Todos nós temos oportunidades de aprender a amar. Aproveite a que está tendo.

— O que é um centro espírita? — quis saber. — O que de fato é o Espiritismo?

— Nós, espíritas, cremos em Deus e focamos muito nos ensinamentos de Jesus. Respeitamos todas as crenças e procuramos a verdade pelos estudos dos Evangelhos. Estudando, aprendemos a nos melhorar e tentamos praticar a caridade para com o próximo, e sem julgar. Nosso objetivo é evoluir ficando alegres com o bem que fazemos. O mundo melhora quando nós nos melhoramos. E o centro espírita é o local onde nos reunimos fraternalmente para esse estudo e para nos ajudarmos.

Enxuguei o rosto, agradeci e voltei para casa. Ao olhar para meu esposo, vi que ele estava apreensivo. Peguei na mão dele e sentamos no sofá. Contei aonde fora, o que escutara e completei:

— Vamos aceitá-la, cuidar dela, mas não nos esquecendo de nós dois. Devemos voltar a ter a nossa vida e a nos amar.

Ele chorou e nos abraçamos. Levantei, peguei minha filhinha e a beijei. Ela sorriu, ou tentou sorrir, penso que foi uma reação agradável que ela teve. Fez uma careta, mas, para mim, ela sorriu.

Organizamo-nos. Eu poderia ser mais flexível no meu horário. Passei a atender, ir ao meu consultório, somente à tarde e ficava até as vinte horas; minha mãe ficava em casa até meu esposo chegar do trabalho, ele entrava cedo e, às dezessete horas, estava em casa, aí ele ficava com ela. Continuamos a ter duas enfermeiras e, aos sábados e domingos, ficávamos com ela. Minha filha reagia pouco a qualquer estímulo ou tratamento, estava sempre abaixo do peso, crescia pouco e chorava de forma estranha. Continuava feia. Ela gostava quando eu ou meu marido a pegávamos. Resolvemos ter mais filhos e tivemos dois meninos, sadios, lindos e inteligentes. Não nos descuidamos da filhinha, foi uma alegria quando ela passou a ficar sentada escorada. Às vezes ela sorria e normalmente chorava baixinho.

Dizíamos ter por religião o Espiritismo; não frequentávamos nenhum centro espírita, mas todos os sábados à tarde era costume assistirmos e gostávamos muito das palestras do Divaldo Pereira Franco; lia livros espíritas e fazíamos, às quintas-feiras, o Evangelho no Lar; com os meninos pequenos, líamos o Evangelho para as crianças.

Nossa vida era rotina, viajávamos pouco; quando isso acontecia, era por dois a três dias, e meus pais ficavam em nossa casa, porque minha filha não gostava de nada diferente, ela fez a rotina dela. Os irmãos a entendiam e estavam sempre falando com ela, que os olhava, mas não sabíamos se ela entendia alguma coisa. Meus filhos viajavam com os tios e com os avós; por algumas vezes eu ia com eles e meu esposo ficava com ela, ou ele ia e eu ficava.

Aprendemos a querê-la bem. Ela, com dezoito anos, parecia uma criança de cinco anos, cabelos ralos e dentinhos pequenos. Cuidávamos dos dentes dela, um dentista muito profissional a sedava para tratar de seus dentinhos. Fizemos de tudo para ela não ter dores.

Ela desencarnou. Teve uma pneumonia e foi levada para a Unidade de Terapia Intensiva (UTI). Fizemos de tudo; eu, como médica, pude ficar com ela. Minha filhinha desencarnou comigo, eu segurando suas mãozinhas. Suspirei aliviada. Entendi que terminara o período de sofrimento para ela e que com certeza seria socorrida e cuidada no Plano Espiritual. Ter conhecimento foi, para nós, muito consolador. Enterramos seu corpinho morto sem pompa, no túmulo da família, e três dias depois doei tudo o que ela usara: camas especiais, carrinhos, remédios, roupas, tudo. Reformamos a casa e, nas férias, saímos nós quatro, meu esposo, os dois filhos e eu, para uma longa viagem.

Continuei atendendo no mesmo horário no consultório, mas fui fazer um trabalho voluntário atendendo pessoas, principalmente crianças, que foram estupradas. Era um trabalho em que vi muitos sofrimentos e concluí que os estupradores cometem um crime horrível e que o retorno desses atos deve ser de muitas dores.

Tive vontade de agradecer àquela senhora espírita que muito me ajudou, nós soubemos que ela tinha desencarnado. Agradeci novamente em pensamento.

Meus filhos, estudiosos, inteligentes, formaram-se, escolheram a profissão que quiseram, não nos deram problemas. Casaram e tive quatro netos, todos sadios.

Senti-me mal num atendimento, fui levada para o hospital, desencarnei na ambulância por um enfarto. Senti, nesse momento, algo estranho: passaram pela minha mente lances de minha vida e lembrei da minha filhinha.

Dormi e acordei com alguém passando a mão no meu rosto, ajeitando meus cabelos. Eu fazia isso com minha filha. Abri os olhos e vi uma moça parecida fisicamente comigo. Ela falou com voz harmoniosa:

— *Olá, mãezinha!*

Estremeci. Eu, todas as vezes que chegava em casa, ia ver minha filha e, após passar a mão no rosto dela, falava: "Olá, é a mãezinha!".

A moça me abraçou.

— *Sim, sou sua filha! Tive uma reencarnação difícil, que foi suavizada pelos cuidados e carinho de todos. Quando desencarnei, fui socorrida, vim para essa colônia e fui levada para o Educandário, lugar onde crianças são levadas, isso porque eu me sentia criança. Lá me senti sadia e fiquei. Nesses anos em que estou no Plano Espiritual, entendi que posso ser útil trabalhando, então ajudo pessoas que voltam para cá com sequelas dos erros cometidos.*

Emocionei-me ao escutá-la. Minha filha foi embora e eu estava me sentindo bem. Logo me adaptei, aceitei a minha desencarnação e gostei da colônia à qual fui levada. Meus filhos tinham a vida deles, estavam bem e não precisava me preocupar com eles; meu esposo tentou também ficar bem, isso me ajudou muito na adaptação. Meu esposo passou a fazer um trabalho voluntário, foi dar aulas num cursinho para jovens carentes que queriam fazer uma faculdade. Além de dar aulas, ele fornecia os materiais e os auxiliava nos seus problemas. Ele gostou demais de fazer isso.

Eu logo estava estudando e passei, pelas aulas práticas, a fazer tarefas. Surpreendi-me com a Medicina na espiritualidade.

Encontrava-me com minha filha em dias e hora marcados, porque trabalhávamos e morávamos em locais diferentes. Eu a queria bem, embora a amasse menos que aos meus outros dois filhos. Mesmo assim, houve de fato a reconciliação.

— *Mamãe, vou reencarnar* — ela me informou. — *Preciso provar a mim mesma que sarei. Maldade é uma doença que corrói, e a inveja é o impulso que nos leva muitas vezes a fazer maldades. Espero, mamãe, que eu tenha aprendido pela dor e que ela não precise mais me ensinar. Mas tenho ainda uma colheita desagradável, com certeza terei alguns momentos difíceis. Espero vencer.*

Foi então que eu quis saber o que acontecera no passado, do porquê de termos de nos reconciliar e, pelo que escutara daquela senhora espírita, com meus dois filhos também. O que ela fizera a nós? Foi ela quem me contou.

— *Reencarnamos no meio do século dezenove, alguns anos antes da libertação dos escravizados. Eu era uma escrava que, desde pequena, encontrava maneiras de melhorar minha vida, mas infelizmente de forma errada, com desavenças. Bastava achar que poderia ter vantagens para, numa artimanha, fazer as coisas parecerem reais e prejudicar quem queria. Quis trabalhar na tecelagem, serviço leve, esse trabalho era para as escravas mais velhas. Com a sinhá não deu certo minha bajulação, mas deu com o sinhô. Contava a ele tudo o que acontecia na fazenda, com os escravizados e com os empregados. Sabia que meus senhores haviam se casado num casamento arranjado e os dois tentavam se tolerar. Eles tiveram cinco filhos, três homens e duas mulheres. Nessa época, dois filhos foram para a Europa e por lá ficaram; o mais velho, casado, morava numa fazenda próxima, e as duas filhas se casaram e não moravam perto. A sinhá não gostava de mim; não me fez nada, mas resolvi prejudicá-la, então insinuei para o sinhô que, quando ele viajava, ela não se comportava bem. Ele então, quando viajava, a trancava no quarto e somente uma escravizada velha entrava. Eu trabalhava pouco e andava muito pela fazenda. Os outros escravizados não gostavam de mim, mas me temiam. Interessei-me por um escravizado; ele, ali na fazenda, tinha somente um irmão, os dois eram fortes e bonitos; eu o quis, mas ele gostava e namorava escondido uma moça, filha de colonos.*

Enquanto minha filha contava, eu comecei a lembrar: eu fora essa moça, branca, simples, que gostava do escravizado citado. Namorávamos escondido e eu trabalhava juntando dinheiro para comprar a liberdade dele; meu pai, trabalhando na fazenda, estava ajudando. Minha mãe havia desencarnado, morávamos numa casa meu pai, eu e um dos meus irmãos com a esposa dele e cinco filhos.

Esse moço escravizado explicou para ela que não queria ter envolvimento, ter filhos escravizados; foi gentil, mas ela não aceitou, irou-se muito por ter sido rejeitada, passou a vigiá-lo e, assim, nos viu enquanto nos encontrávamos.

— *Não gostei de ter sido rejeitada* — continuou minha filha contando. — *Quando o vi com a moça colona, resolvi me vingar. Peguei a bolsa do sinhô, que continha dinheiro, a levei à casa dela e a escondi entre suas roupas. Para fazer isso, planejei bem, o fiz no horário que sabia que não havia ninguém na casa; as duas mulheres, ela e a cunhada, iam lavar roupas no rio e levavam as crianças; os homens estavam trabalhando e, nesse dia da semana, ela, a colona, levava doces que fazia à casa-grande. Antes mesmo que o sinhô desse falta da bolsa, eu fui contar para ele; o sinhô me escutava, eu falava com ele sempre que queria, pois o deixava informado de tudo. "Sinhô, vi a colona (falei o nome dela), a filha do Antônio, a que traz doces à casa-grande, e prestei atenção nela porque me pareceu suspeita, me pareceu esconder algo na sua saia, me pareceu ser a bolsa do sinhô." Ele, rápido, foi procurar a bolsa e não a encontrou. Chamou dois empregados e foram à casa da colona; entraram e logo encontraram a bolsa. O sinhô mandou os dois empregados pegarem a moça, levá-la ao galpão e lhe dar dez chicotadas. Ela não era escravizada, mas os senhores, principalmente nas fazendas, tinham suas leis e poder. Ela não entendeu o porquê de ser levada, e um dos empregados lhe contou; ela jurou inocência, mas não a ouviram. Foi amarrada e recebeu as dez chicotadas, porém o empregado não lhe bateu com força. Após o castigo, o empregado ia desamarrá-la, mas eu lhe disse, inventei, que o sinhô ordenara que ela ficasse amarrada e que a deixasse ali sozinha. Eles voltaram ao trabalho; eu então peguei o meu unguento, havia feito um amassado de ervas venenosas, entrei no galpão e, sem que ela me visse, por detrás, passei nos olhos dela aquele unguento; com uma faca, fiz um corte no rosto dela e saí correndo de lá. Ela gritou de dor, pediu ajuda, mas ninguém a ajudou. O pai dela ficou sabendo, foi pedir para o sinhô para tirá-la do tronco e o sinhô permitiu, mas ordenou que ela não mais se aproximasse da casa-grande. O pai e o irmão a levaram para a casa.*

Minha filha fez uma pausa e eu lembrei:

"Foi horrível ser acusada de algo que eu não cometera, não pegara nada; ter sido amarrada no tronco e recebido as chicotadas

foi muito dolorido. Depois senti queimarem meus olhos, doeu horrivelmente, e o corte no meu rosto. Com meus olhos queimados, eu não conseguia abri-los. Escutei meu pai e meu irmão se aproximando, eles me tiraram do tronco e me levaram para casa. Eles me socorreram, me deram chás para suavizar as dores, meus olhos incharam e quando, dias depois, consegui abri-los estava cega e com uma grande cicatriz no rosto, na face esquerda. Meu pai quis saber se eu havia roubado, escutei dele: 'Você queria comprar a liberdade do seu namorado'. Jurei que não fora eu. Depois de cinco dias que esse fato ocorrera, meu pai desencarnou, morreu de repente, como dizíamos; deve ter sido por um enfarto. Continuei morando com meu irmão. Meu namorado não desistiu de mim, porém sabíamos que seria difícil ficarmos juntos. Desconfiamos dessa escravizada, mas não tínhamos o que fazer, ela era protegida do sinhô e não tínhamos provas. Os empregados até juraram que não havia sido eles que me cortaram a face e que não passaram nada nos meus olhos. Eu, cega, morando com meu irmão, tentei aprender a fazer coisas fáceis, como descascar amendoim, debulhar milho e tecer. Meu namorado a rejeitou novamente".

Parei de pensar, de recordar, porque minha filha voltou a contar:

— *Pensando ter afastado a rival, insisti no moço, que me rejeitou novamente. Penso que nem o amava, não amava ninguém. Planejei vingança e a fiz. Dei um falso recado para ele de que o sinhô ordenara que ele tirasse uns galhos de uma árvore que ficava em frente da janela do quarto da sinhá; quando ele foi, corri até o sinhô e lhe disse: "Sinhô, descobri quem é o amante da sinhá, é um negro. Veja o sinhô, ele está em frente à janela do quarto dela, finge fazer alguma coisa, tenho visto isso sempre". O sinhô foi ver, acreditou em mim e deu ordem para levá-lo ao tronco e chicoteá-lo até a morte. Isso foi feito.*

Minha filha fez uma pausa e eu continuei recordando:

"Quando soube, eu chorei muito, não acreditei que ele fora amante da sinhá. Dias depois, essa escravizada resolveu namorar o irmão dele. Esse moço vinha às vezes me visitar e eu o aconselhei: 'Fique com ela, não a rejeite; senão acabará morrendo como seu irmão'. 'Ela me repugna!', disse ele. 'Não sendo tão bom amante, ela logo enjoará de você', aconselhei. Isso ocorreu, esse moço sofreu muito, ele amava o irmão, sentiu a injustiça, a dor de ser, naquela reencarnação, cativo. Ele não tinha família nessa fazenda, foram separados ele e o irmão de seus afetos, porque seu antigo senhor os vendeu por estar precisando de dinheiro. Os dois não souberam mais de seus familiares".

— *Fiz muitas desavenças* — minha filha me despertou de minhas lembranças quando voltou a contar: — *Até com minha mãe, ela sempre tentou me educar; por duas vezes eu bati nela, não queria nem vê-la e ameacei fazer com que ela fosse para o tronco; então minha mãe desistiu de mim. O sinhô foi viajar, visitar os outros filhos dele e ia ficar longe por muito tempo. O filho que morava perto foi para tomar conta da fazenda. Ficou indignado com o que ouvira e viu o que o pai fazia com sua mãe. Tomou muitas providências; despediu um capataz maldoso e trouxe um amigo dele, que era uma boa pessoa, para tomar conta dos escravizados; levou sua mãe para morar com ele, me vendeu por um preço barato e alertou quem me comprou para ter cuidado comigo, que eu era perigosa. Nessa fazenda, fui trabalhar na lavoura, serviço pesado a que não estava acostumada, e fui ameaçada de que, se fizesse alguma desavença, seria colocada em mim a máscara que me impediria de falar. Não acreditei, mas, na primeira confusão, fiquei quinze dias com a máscara, que era uma espécie de capacete que se colocava na cabeça e, em frente aos lábios, tinha uma correia de couro, que fazia com que, ao falar, doesse; era tirada duas vezes por dia para que eu me alimentasse e tomava água por um canudo feito de bambu. Ali tive uma vida difícil, estava infeliz e escutava risadas, sentia serem de almas, espíritos que estavam gostando das minhas dificuldades. Resolvi ficar sem comer, ninguém prestou atenção na minha greve de fome, fiz isso para morrer; quando desmaiei foi que perceberam que eu estava muito magra e fraca, ninguém se importou ou tentou me ajudar. Desencarnei. Foi então que sofri mesmo; fizera inimigos e muitos deles não me perdoaram e me castigaram. E foi a sinhá, que eu tanto prejudiquei, porque o sinhô, além de prendê-la, a surrava, que me socorreu. Mas meu perispírito estava deficiente, reencarnei e transmiti ao corpo físico essa deficiência.*

Minha filha deu por encerrada a conversa e se despediu; eu fiquei sozinha sentada num banco de balanço pensando no que ouvira e lembrei.

— *Por quê?* — indaguei.

E obtive a resposta. Lembrei. Em outra encarnação minha, trabalhei como empregada ajudante de um médico e achei que aprendera muito, que sabia curar doentes. Saí do emprego, fui embora da cidade para outra longe, me vesti de homem, porque era difícil exercer medicina sendo mulher, e me passei por médico. Porém logo percebi que não sabia tanto quanto pensava, mas estava ganhando bem e continuei. Fiz erros; achando que poderia tirar a pele que cobria os olhos para curar catarata, deixei pessoas cegas; realmente fiz atos indevidos, porém acertei muito e curei pessoas. Mas erros contam, porque os fiz consciente. O retorno veio e passei, na outra existência, quinze anos cega.

— *Nada é injusto ou sem motivos!* — expressei sentida falando baixinho e sozinha. — *Mas por que nós? Por que meu antigo namorado, o seu irmão e eu tivemos que recebê-la? Porque nessa encarnação, eles, os dois, foram seus irmãos e meus filhos. Ela fez muitas outras maldades. Quando ela desencarnou, eu e o irmão dele ainda estávamos encarnados e nós três não a perseguimos, perdoamos e seguimos nossas vidas. Por que nós?*

Raciocinei e compreendi. Há muitas reencarnações eu estou sempre querendo aprender e, quando me era possível, estudava e tentava trabalhar com algo que envolvesse a mente. Assim, desenvolvi a inteligência e me tornei, pelo estudo e trabalho, apta a aprender. Errei me passando por médico; na época queria ganhar dinheiro, mas julguei mesmo que sabia. Não deveria ter feito, me passado por médico, mas o fiz.

Por que nós? Por que comigo? A inteligência é nossa, mas não é algo que nos é dado, temos sempre oportunidades de desenvolvê-la pelo estudo e trabalho. Eu não perdi a minha "capacidade de resolver problemas", como já foi definida a "inteligência"; mesmo tendo feito atos errados, eu continuei inteligente, porém me orgulhava desse fato e poderia facilmente ter me tornado orgulhosa, arrogante e errado novamente. Mas ter uma filha com deficiências desde quando nasceu, reencarnou, foi para mim uma grande decepção e me colocou no lugar devido. Como ser orgulhosa, arrogante, tendo uma filha com deficiência? Isso foi uma rédea para mim. Algo ruim que se tornou útil. Para meu esposo também, nos afinamos porque tanto ele como eu nos orgulhávamos por sermos diferentes, com a inteligência acima do normal. Meus dois filhos tiveram também motivos para ter uma encarnação como escravizados. Eles, inteligentes se equilibraram por ver a irmã doente. Enfim, concluí: aquele desafeto, pela reencarnação, se tornou afeto; foi uma forma, uma graça com que fomos presenteados para que aprendêssemos a lidar bem com a inteligência. Foi, para mim, penso que também o foi para meu esposo e para os dois filhos, uma encarnação de um aprendizado mais profundo, aprender a ser humildes.

No outro dia, fui visitar minha filha. Abracei-a diferente, com mais carinho, ela se alegrou.

Peguei, no meu momento de lazer, *O Evangelho segundo o Espiritismo*, de Allan Kardec, e abri no capítulo doze, "Amai os vossos inimigos", capítulo este que li muitas vezes quando encarnada. Foquei nos itens três e quatro: "Não se pode, enfim, ter a mesma satisfação ao encontrar um inimigo que se tem com um amigo. Esse sentimento, por outro lado, resulta de uma lei física: a da assimilação e repulsão dos fluidos".

Enfim, concluí que poderia querê-la bem, mas que amava de fato meu esposo e os dois filhos. Senti-me em paz.

Minha filha reencarnou, foi ser filha de outros pais. Sempre que eu tiver autorização, irei visitá-la. Ela não terá uma reencarnação fácil, estará sempre doentinha; não será muda, mas terá deficiência na linguagem. Quando for visitá-la, quero incentivá-la e, no que for possível, ajudá-la.

Aí está, Antônio Carlos, minha história.

Maria Ana

Perguntas de Antônio Carlos

— Maria Ana, quais são seus planos? O que faz? O que pretende fazer?

— Tenho pouco tempo de desencarnada, ainda estou entusiasmada conhecendo o Plano Espiritual. É muito bom desencarnar, defrontar a espiritualidade e ter sido levada para uma colônia. É maravilhoso. Não cometi erros nessa minha última encarnação e retornei tranquila para a Pátria Espiritual. Tenho estudado e, nesse estudo, tenho aulas práticas junto com a teórica; assim estudo e trabalho. A lista do que quero estudar é grande. Meu lazer é ir a bibliotecas, gosto muito. Quando meu esposo vier para cá, penso em mostrar tudo a ele. Gostos não mudam, amo ir à biblioteca, os vídeos são maravilhosos, e os assuntos, diversificados. Também assisto a palestras. Aqui temos como assistir oradores encarnados e continuo acompanhando as palestras do Divaldo Pereira Franco.

— E se seu esposo se casar novamente?

— Meu carinho por ele não mudará. Sinto que ele me amou e ama. Se isso ocorrer, será para ter uma companhia; eu entenderei e quero, se isso ocorrer, que seja uma boa pessoa.

— Muito obrigado por ter atendido o nosso convite e ter nos contado sua história.

— De nada.

Explicação de Antônio Carlos

Muitas vezes pensamos que um acontecimento é algo ruim, mas pode ser que esse ruim não seja tanto assim. Maria Ana e os dois filhos receberam, anteriormente, maldade desse espírito, da escravizada, e não quiseram se vingar. Os três planejaram aproveitar a oportunidade da reencarnação para aprender a lidar bem, e para o bem, com a inteligência. Eles receberam não somente a oportunidade de se reconciliar de fato, mas um fator que não permitiu que se perdessem na vaidade e na arrogância por serem mais inteligentes que a maioria dos encarnados. Isso foi bom para os quatro, para o pai, a mãe e os dois filhos.

Surpreendi-me com o desapego do amor dela pelo esposo. O amor entre casais deveria ser sempre assim. Realmente os dois se amam e, com certeza, continuarão unidos no Plano Espiritual, certamente farão trabalhos diferentes, mas, nas horas de lazer, estarão juntos. Eles têm afinidades. Concordo quando ela disse que as bibliotecas no Plano Espiritual são lindas. Todas as colônias e postos de socorro têm bibliotecas que, além de livros, têm vídeos, e os mais procurados são: *Jesus quando esteve na Terra*, *A história do nosso planeta* e *A formação do universo*. Há, em algumas colônias, bibliotecas sobre assuntos mais profundos, de ensinamentos de grandes mestres. Realmente, para quem gosta de bibliotecas, visitá-las é muito gratificante.

O espírito que foi filha de nossa convidada, quando reencarnou como escravizada, com certeza foi por uma colheita ou aprendizado, mas infelizmente continuou a plantar a erva má, não aproveitou o período de cativa para aprender e aumentou sua plantação ruim. Isso infelizmente ocorre; às vezes um espírito tem oportunidade de ter uma existência dificultosa para aprender melhor, mas, além de não aprender, comete abusos, mais erros; porém, querendo ou não, o retorno vem.

A filha, quando desencarnou, foi socorrida e, por um tratamento, tornou-se sadia, ficando com a aparência de uma jovem de dezoito anos, idade com que fez sua passagem de plano, e pediu, quis ser parecida fisicamente com a mãe; a atenderam. Isso pode ocorrer porque o perispírito é modificável por aqueles que sabem, e esses podem fazer isso em outros.

A história de vida de Maria Ana deixa clara a Lei do Retorno. Plantamos o que queremos, mas a colheita é do que foi plantado. E quando chega a hora da colheita?, pergunta-se muito. Porque temos visto muitos plantarem, encarnados e desencarnados. Observamos as plantações no Plano Físico: a terra é preparada, todos nós somos, temos em nós a consciência, as diversas religiões, as sem fanatismo, para nos alertar; encontramos sempre meios de nos educar. Após o preparo, começamos a plantação. É difícil espíritos que, durante sua trajetória no círculo reencarnatório, tenham plantado somente a boa semente. A maioria mescla, infelizmente, a boa e a não tão boa semente, mas, nessas inúmeras vezes, nesse vai e volta, lembro que desencarnados também continuam esse processo de plantar e colher. Pelo livre-arbítrio, se pode plantar o que se quer, porém, como numa plantação no Plano Físico, seja de arroz, amendoim, feijão etc., tem-se o tempo para semear, e a colheita também tem o seu tempo. Para nós humanos, espíritos, o tempo pode ser mais variável, mas também o temos. Para os que ainda mesclam, penso que é a maioria, a colheita será de bons e maus frutos, o que pode ser mais de um deles.

Os sábios, lembro que para muitos estudiosos "sábio" significa "santo", são aqueles que fazem boas escolhas, plantam o bem e que, além de se deliciarem com a sua colheita, a distribuem para o próximo. Cuidemos do nosso terreno, espírito, trabalhando e tirando a erva ruim, nos livrando dos nossos vícios, não fazendo o mal de jeito nenhum e plantando o bem das boas ações. Lembro que estudar, aprender é o melhor modo de plantar. Fazer o bem com sabedoria, sem ser o bonzinho que tudo aceita; nos educar e educar os outros fazem parte do bom plantio.

Não devemos ficar com receio de nossas colheitas, lembro que a caridade é um bom trabalho de limpeza de erva ruim. O amor anula erros.

É tão agradável cultivar amizades que isso sempre dá flores que alegram, mas não devemos cobrar uma reação do amigo que recebeu flores e ainda não é capaz de dar valor. A flor está no seu terreno, ela enfeita sua alma, e os amigos tem seus próprios terrenos. Mas peço-lhes não descuidarem da sua plantação, ela sempre precisa de cuidados e, diariamente, ser adubada com carinho, aguada com favores e limpa das ervas daninhas que teimam em crescer junto do cultivo frutífero. Cuidemos do nosso sem reparar no terreno do próximo, a não ser que sejamos solicitados, e para ensinar. Que, como os produtores rurais no Plano Físico, possamos nos alegrar com nossa colheita, porque com certeza nos trará preciosos resultados.

Desejo a todos uma boa plantação, porque a boa colheita também ocorrerá.

Capítulo 7

DESENCARNADOS SE DIVERTEM

Eu demorei para acreditar quando recebi uma oferta de trabalho que me pareceu excelente.

Estava noivo, amava minha noiva, Marta; para mim, era linda, educada e, melhor, não era geniosa.

Eu trabalhava numa horta e entendia de plantio, porque nasci num sítio e sabia fazer todo o serviço rural.

Um senhor veio à horta comprar verduras e me senti observado por ele, que conversou com o proprietário, que, após, me chamou e nos apresentou:

— Cecílio, esse senhor está à procura de um empregado que seja de confiança para ser caseiro e cuidar de um sítio dele que fica a uns duzentos quilômetros daqui. Você não quer ir?

O meu patrão, o dono da chácara, nos deixou a sós; o senhor falou sobre o que era, como seria o emprego.

— Tenho um sítio, herdei de um tio, não quero vendê-lo e não tenho, no momento, como cuidar dele. O pedaço de terra é pequeno, a casa é boa, meu tio passava alguns dias lá. Você será registrado, o seu ordenado é "tanto" — falou a quantia, que, para mim, era ótima —, mas terá de morar lá, porque quero um caseiro para tomar conta. O trabalho é fácil: terá de cuidar de dois cavalos, que eram o xodó do meu tio e eu prometi cuidar deles até os animais morrerem; tem uns patos também para tratar. Você pode fazer uma horta, vender as verduras e ter um extra. Seu trabalho mesmo é tomar conta do sítio: não deixar ser invadido, vandalizado, consertar cercas e cuidar da casa. Ela é mobiliada, mas você pode modificá-la. Então, aceita?

— Sim, claro que aceito, e obrigado — respondi convicto.

O senhor sorriu; somente tempos depois que entendi que aquele sorriso escondia algo. O meu futuro patrão completou:

— Faremos um contrato, você não poderá abandonar o emprego; se o fizer, terá de pagar uma multa. Certo?

— Sim, senhor.

— Venha ao meu escritório amanhã, aqui está o endereço, para assinar o contrato.

O meu patrão, o dono da horta, me incentivou:

— Cecílio, fico triste por perder você, porém não posso ser egoísta, você recebeu uma boa oferta. Pode parar de trabalhar agora, vá se organizar, contar para sua noiva, agora pode se casar, terá uma boa casa para morar, mobiliada, e terá um bom ordenado. Vou acertar com você.

De fato, o meu agora ex-patrão acertou comigo, eu não era registrado. Fui correndo à casa da minha noiva e contei tudo para ela, que se alegrou e determinou:

— Vou junto!

— Mas e o casamento?

— Casaremos depois — decidiu Marta. — Se não casamos ainda foi porque não tínhamos onde morar, e juntar dinheiro estava difícil; agora temos, então vamos morar juntos, depois casaremos.

— Seus pais vão deixar? — quis saber.

— Eles têm que concordar. Você não vai sozinho! Eu vou junto e assunto resolvido.

Marta era assim, decidida; depois, dengosa, tentou me convencer:

— Meu bem, nós dois podemos ir; com o seu ordenado, juntaremos fácil dinheiro; então casaremos e até daremos uma festa! Que bom! Estou muito feliz! Eu o amo! Vamos logo nos mudar!

Fui para casa, contei para meus pais e mamãe comentou:

— Quando a esmola é demais, o santo desconfia! Será que não tem algo errado nessa história? Depois, Marta ir com você sem casar...

— Mamãe, ela não quer que eu vá sozinho e não temos como nos casar agora, os papéis têm que ser arrumados. Penso que não é esmola demais. O dono da horta falou bem de mim; de fato, sempre me esforcei para ser um bom empregado. Esse senhor mora aqui na cidade, ele não quer vender o sítio que herdou de um tio, prometeu que não o faria até os cavalos morrerem. Ele quer alguém lá que cuide dos dois cavalos, que não deixe ninguém invadir o local, que verifique as cercas etc., enfim: que cuide do sítio. O melhor é que serei registrado e teremos casa boa e mobiliada para morar.

— Estou achando a oferta boa demais. — Minha mãe continuou desconfiada. — Espero que dê certo e que, assim que for possível, você case com Marta.

— Farei isso! — afirmei.

Fui ao escritório do meu, agora, patrão e assinei o contrato; ele me pagou quinze dias adiantado e se ofereceu para nos levar para o sítio; seria dois dias depois, numa camionete, um empregado dele nos levaria com os nossos pertences.

Marta e eu estávamos muito animados; os pais dela me fizeram prometer, jurar, que casaríamos logo que fosse possível. Em clima de festa, arrumamos tudo e aguardamos ansiosos para ir, para a camionete vir nos buscar. Eu levei a minha bicicleta, e Marta, todas as roupas dela. Despedimo-nos e fomos, nós dois, na frente da camionete; o condutor foi gentil. A viagem durou três horas e trinta minutos. Passamos por uma cidade pequena e aí passamos por uma vicinal, que era de terra batida e não estava conservada. Chegamos ao sítio. Marta abriu a boca: o lugar era bonito e a casa do lado de fora era grande e bem cuidada. O condutor da camionete nos ajudou a descarregar nossos pertences, despediu-se e foi embora.

Olhamos tudo.

— Parece tudo fácil — observei —, porém não teremos vizinhos próximos.

— Mas a cidade não é longe — lembrou Marta.

Entramos nós dois na casa. Alegramo-nos, era bem melhor do que esperávamos: tinha eletricidade, água encanada, três quartos com várias camas, banheiro dentro da casa e cozinha espaçosa. Marta, curiosa, foi olhando tudo o que a casa tinha e de que poderíamos desfrutar.

— Marta, vou já cuidar dos patos e cavalos; você fica aqui e organiza nosso lar.

— Cecílio, este emprego foi um presente! A casa é boa e não parece ter muito serviço. Precisa de uma boa limpeza, penso que está suja por estar fechada. Vou limpar onde iremos precisar, amanhã limpo toda ela.

Foi somente depois que Marta me contou que, enquanto limpava, se sentiu observada.

Marta, animada, limpou o quarto que escolhemos para dormir; ela levara dois travesseiros e roupas de cama; lavou bem o banheiro e arrumou a cozinha, havíamos levado comidas prontas.

Eu fui ver os cavalos e me apresentei, dizendo que agora seria eu a cuidar deles; os agradei, escovei e lhes dei rações; tratei dos patos. Dei uma olhada por todo o sítio e fui para casa. Entusiasmados, planejamos o que faríamos no nosso novo lar.

Passamos uma noite agradável. No outro dia, começamos a fazer o que planejáramos. À tarde, fomos nós dois de bicicleta à cidade. Encontramos duas bicicletas no galpão e eu levara a minha. Fizemos uma lista e, com o dinheiro que recebi e o adiantamento, compramos o que íamos precisar.

Uma vez por mês, eram entregues no sítio as rações dos cavalos e dos patos, e essa entrega foi feita dois dias após chegarmos ao sítio. Tudo parecia perfeito. Verificava as cercas e as estava sempre consertando; cuidava bem dos cavalos, animais percebem quando são amados, e os dois gostaram de mim. Os patos estavam bem, passamos a nos alimentar de seus ovos, que eram muitos. Passei a vendê-los na cidade para o mercadinho onde passamos a fazer compras.

Marta e eu de fato nos amávamos.

Mas sempre, ou quase sempre, tem um "mas", um "porém", algo que impede as coisas de serem perfeitas.

Marta começou a se queixar de que se sentia observada, que havia escutado risadas e, por duas vezes, ao tomar banho, ouvira alguém dizer: "Gostosa!". Marta começou a ficar inquieta e eu também. Fora da casa, por vezes, sentia alguém andar atrás de mim, ou na frente. Sentia ser observado, mas dentro da casa era pior, me sentia observado o tempo todo.

— Quero ir embora daqui! — pediu Marta.

— Você pode ir, mas eu não. Gastamos o dinheiro que recebi adiantado e o que recebi da horta, compramos coisas para nosso conforto. O meu patrão me paga direitinho. Eu lhe peço, aguente mais um pouco, não dê importância, isso passa. Tenho um contrato assinado: se eu abandonar o emprego, além de sair sem nada, terei de pagar a multa. O contrato é de dois anos. Se você for embora, eu terei que ficar e ficaremos separados; se voltarmos, teremos de arrumar um lugar para ficar e arrumar emprego.

— Sei que será difícil ficarmos longe por um ano e dez meses. Eu posso arrumar emprego de doméstica e ajudá-lo, guardando dinheiro para pagar a multa. Mas será por muito tempo. O que fazer?

— Marta, aqui é longe da nossa cidade. Como ir vê-la ou você vir aqui me ver?

— Está bem, vou tentar me adaptar — prometeu Marta.

Mas, à tarde, ao entrar na casa, ouvi o barulho do chuveiro; Marta estava tomando banho e vi que ela o fazia com roupa. Depois, embrulhada na toalha, tirava a roupa molhada e se trocava.

— Por que isso? — perguntei.

— Para não ser vista. Todas as vezes que vou tomar banho me sinto observada, escuto risadas e gracinhas como: "Beleza!", "Gostosa!". Realmente me sinto observada.

Marta chorou.

Pior que ela não queria que eu me aproximasse dela.

— Eles ficam observando o que fazemos. Não quero isso!

Eu também escutava risadas e vozes dizendo: "Frouxo!", "Não é homem? Parece que não!".

Nossas famílias foram nos visitar, alugaram uma Kombi. Foram meus pais, os pais de Marta, meus dois irmãos com suas famílias e o irmão de Marta com a esposa e dois filhos. Foi muito bom, nos alegraram. Mas mães são atentas; tanto a minha como a de Marta perceberam que algo estava acontecendo e nos indagaram.

— Está tudo bem — falou Marta, mas sem convicção.

Nisso, um sobrinho dela, um garoto de dez anos, entrou na casa, foi até nós e perguntou:

— Tio Cecílio, quem é aquele homem que vi lá fora? Ele é estranho. Disse, rindo, que está muito bem aqui. Ele me chamou de "moleque imbecil". Eu não fiz nada para ele. É o dono?

Olhei pela janela e não vi ninguém. Mamãe pediu para o garoto ir à cozinha. Ela me olhou e me lembrou:

— Foi esmola demais?

— Penso que sim, mamãe — respondi.

— Foi, sim — disse Marta. — Não estou aguentando ficar aqui. O lugar é assombrado. Sinto ser vigiada o tempo todo.

— Não é impressão, filha? — perguntou a mãe dela. — Talvez seja por você estar ficando sozinha. Aqui é um bom lugar, a casa é bem melhor do que pensávamos. O serviço não é muito, e Cecílio ganha bem.

— Tem os prós e os contras — concluiu minha mãe. — Mas, pelo que vejo, os contras são mais numerosos. Não os quero infelizes. Tenho um dinheiro guardado que dará, filho, para pagar a multa, e vocês podem morar comigo. Cecílio arrumará outro emprego e vocês se casarão quando der. Não os quero infelizes.

— Não estamos infelizes — defendeu-se Marta. — Nós dois estamos bem. É o lugar! Os fantasmas parecem se divertir nos observando.

Nossa cunhada, a mãe do garoto que disse ter visto o homem, veio até nós, segurou minha mão e a outra de Marta, e nos recomendou:

— Procurem um centro espírita! — Depois contou: — Meu filho tem visto fantasmas, que agora começo a entender que são almas de pessoas que já morreram. Quando ele começou a me falar o que via, eu me assustei muito, apavorei-me, mas minha mãe encontrou uma solução: levá-lo a um centro espírita, acreditar nele e ensiná-lo a lidar com isso; o que ele tem se chama "mediunidade". Meu filho viu e conversou com um fantasma; o termo certo é "desencarnado", ou seja, um espírito que vive sem o corpo físico de ossos e carne. Ele também viu outro no banheiro, que estava rindo. O que está acontecendo? Pensei que ia encontrá-los felizes e vejo que não estão. Se eu encontrei respostas e ajuda no centro espírita, vocês também encontrarão. Quando passamos pela cidadezinha, vi um perto da escola. Vão lá e procurem por ajuda.

A conversa terminou. Foi com tristeza que Marta e eu nos despedimos deles. Fiz o que tinha de fazer e fui ajudar Marta a limpar a casa. Vi que ela havia chorado.

— É que não sei o que fazer! — expressou sentida.

— Talvez eu saiba — disse.

Fui à cidade, sabia que voltaria à noite, mas fui. O dono do mercadinho onde eu fazia compras e que também vendia os ovos das patas morava ao lado; fui lá e bati na sua porta.

— Cecílio! — ele me atendeu. — Precisa de alguma coisa? É urgente para vir no domingo à noite?

— Sim — respondi —, penso que é urgente, mas não é para comprar nada. Queria lhe perguntar uma coisa. O que o senhor sabe do sítio em que estou morando? Lá é assombrado? Por favor, se sabe, me diga. É um lugar bonito, agradável e estranho.

— Cecílio — disse o dono do mercadinho —, eu não sou de fofoca. Eu fui lá somente por duas vezes e não vi nada. O antigo proprietário morava na cidade e ia lá sempre, mas raramente dormia no sítio. Ele era sozinho, deixou sua fortuna para seus três sobrinhos, e o que ficou com o sítio lhe prometeu não vendê-lo enquanto seus dois cavalos estivessem vivos e que cuidaria deles e dos patos. O antigo dono, quando estava vivo, não paravam empregados no sítio; eles comentavam que eram incomodados por estranhos acontecimentos; quando ele morreu, esse sobrinho pagava um homem para ir lá um dia sim e outro não, e somente para tratar dos animais, comentam que pagava muito a esse homem. Quando você veio, achei que tudo estava certo.

— Pois não está — queixei-me. — Tem fantasmas lá, e eles se divertem nos assustando, nos observando. Não sei o que faço. Minha mulher quer ir embora, mas eu assinei um contrato falandoque, se abandonasse o emprego, teria que pagar uma multa. O senhor conhece algum centro espírita? Será que eles não poderiam nos ajudar?

— Os espíritas mexem com o capeta, mas, se no sítio tem capetas, devem ser eles que se entenderão com eles.

O dono do mercadinho me ensinou onde estava o centro espírita e me informou que eles atendiam pessoas a partir das dezoito horas, às segundas-feiras.

Cheguei em casa, Marta estava acordada me esperando; eu escrevi para ela, tampando o que escrevia, que no outro dia, segunda-feira, iríamos à cidade procurar ajuda. Ela concordou com a cabeça e rasgou o papel em pedacinhos.

Fomos dormir.

Na segunda-feira, deixei tudo arrumado e, de bicicleta, fomos à cidade, levamos uma troca de roupa. Fomos para um hotel. Marta se deliciou tomando banho.

— Que bom não ser observada! — exclamou Marta.

À noite, fomos ao centro espírita. Quando entramos na casa, percebi, pelas expressões das pessoas, pela simplicidade do local, que eles não mexiam com o capeta. Pedi para conversar com uma pessoa. Um senhor, que deveria ter sessenta anos, muito agradável, uma daquelas pessoas de quem queremos ficar perto, nos atendeu; depois dos cumprimentos, nos convidou para ir a uma sala separada do salão.

— O que está acontecendo, jovens? — perguntou ele.

— É que... — eu falei.

— Estamos em apuros... — falou Marta.

Falamos juntos; com um gesto, pedi para Marta contar, e ela o fez:

— Senhor, viemos como empregados para o sítio..., nos instalamos lá, tudo parecia ser um presente: casa boa, o serviço não é pesado, um bom ordenado. Mas está complicado.

Marta chorou e eu completei:

— O lugar tem fantasmas, e eles se divertem nos observando; eles riem e dizem coisas desagradáveis para nós, estamos apavorados. Serão capetas? O senhor lida com capetas?

O senhor sorriu, penso que achou graça. Tranquilo, explicou:

— Meus jovens, nós, espíritas, não acreditamos em capetas. Nós não acabamos quando esse corpo de carne morre, continuamos vivos e sem grandes mudanças. Ouvi dizer que, desde o tempo do finado dono do sítio, lá aconteciam fatos inexplicáveis e que não paravam empregados. Deve ter desencarnados, isto é: mortos da carne, mas vivos em espírito, que, por algum motivo, ficam lá.

— O senhor pode nos ajudar? — perguntou Marta, que ainda chorava.

— Posso, sim!

Ele chamou umas pessoas, três mulheres e dois homens, que, depois, soubemos ser trabalhadores da casa; eles nos rodearam e oraram por nós. Sentimo nos bem, e Marta parou de chorar.

— Vamos ajudá-los. Todos! — afirmou o senhor. — Vocês e esses brincalhões que estão lá. Vão em paz e voltem quando puderem. Peguem na saída um folheto com nossos horários de atendimento.

Agradecemos e fomos para o hotel. Passamos uma noite muito agradável. Voltamos ao sítio no outro dia pela manhã. Marta estava com medo, mas nada aconteceu, tudo parecia estar tranquilo.

Combinamos, Marta e eu, de voltarmos ao centro espírita no domingo pela manhã, quando havia um atendimento.

Na sexta-feira, vi o balde ser derrubado como se fosse chutado e me pareceu que alguém estava procurando algo. Marta foi correndo me encontrar:

— Cecílio, um fantasma está aqui procurando pelos outros e ele está bravo.

— Senhor Fantasma — disse em um tom alto —, não se preocupe nem fique bravo, seus amigos foram a um lugar, numa festa, e voltarão.

Sentimos ele responder: *"Foram sem mim, sem avisar, eles vão ver!"*.

Ele ficou quieto e, na manhã de domingo, voltamos ao centro espírita. Procurei pelo senhor, agradeci e informei:

— Tem um lá ainda, outro fantasma. Pelo que senti, foi a algum lugar e, quando voltou, não encontrou os outros; ele se irou e eu o acalmei com uma mentira.

O senhor nos deu passes, nos tranquilizou, e Marta me surpreendeu:

— Senhor, não seguimos nenhuma religião. Não podemos nos tornar espíritas, vir aqui aprender e orar?

— Será um prazer!

Ficamos no centro espírita até o trabalho acabar, assistimos uma palestra, Marta pegou livros para ler, ganhamos *O Evangelho segundo o Espiritismo*, de Allan Kardec, e nos foi ensinado a fazer o Evangelho no Lar; passamos a fazer todos os dias.

Nossa vida ali no sítio se tornou muito agradável; fizemos uma horta, vendíamos as verduras, passamos a ir passear na cidade, comprei uma moto, guardamos dinheiro e, o melhor, nos tornamos espíritas; íamos todos os domingos pela manhã e depois preferimos ir nas quartas-feiras à noite, num grupo de estudos para iniciantes.

Tudo ficou resolvido ao nos livrar dos fantasmas brincalhões. Esse senhor que nos atendeu se tornou nosso grande amigo e nos explicou que um grupo de espíritos, eram seis, passando por ali, resolveram ficar morando; eles não eram maus, mas gostavam de se divertir assustando, assombrando e brincando. Quando pedimos ajuda, foram eles realmente os mais ajudados; eles foram levados para um posto de socorro, onde aprenderam a viver como desencarnados e a fazer o bem.

Juntamos dinheiro, a família arrumou tudo, fomos para lá, onde as famílias moravam, e casamos, fizemos uma festa.

Não deixamos de frequentar a casa espírita depois de o nosso problema ser resolvido, nos tornamos espíritas. O contrato de trabalho no sítio venceu e o renovei; meu patrão estava contente comigo, e eu, mais ainda. Cuidava bem dos cavalos, e eles estavam bem, nossa horta se tornou grande e vendíamos bem. Tivemos duas filhas, lindas e sadias; comprei uma camionete, Marta era a que mais dirigia, levava as verduras e legumes para o mercado e depois as filhas para a escola. Juntamos dinheiro e comprei o sítio.

Ríamos ao nos recordar do sufoco que passamos quando aqueles desencarnados nos assombravam, que nos fizeram procurar ajuda no Espiritismo e nos tornar espíritas.

Isso foi bom para mim, que, ao desencarnar, não estranhei, fui socorrido pelos amigos desencarnados trabalhadores do centro espírita que frequentava, entendi rapidinho que desencarnara e, melhor, o que tinha de fazer para ficar bem.

Então foi por causa de seis desencarnados que se divertiam que eu fui procurar um grupo espírita e me tornei um deles. Aleluia!

Cecílio

Perguntas de Antônio Carlos

— Você não contou como desencarnou. Pode contar?

— Tínhamos uma boa camionete, mas quem a dirigia, e melhor que eu, era Marta. Eu sempre fui distraído. Nessa época, do meu desencarne, minhas duas filhas eram adultas; a mais velha, casada e com dois filhos, morava na cidade, e meu genro trabalhava no sítio conosco. Fui à cidade naquele dia para levar nossa produção ao mercado; na volta, aconteceu um acidente e eu desencarnei. Eu não corria, e a estrada estava bem conservada, mas ainda era de terra batida; ia no meu ritmo e, numa curva, um carro que corria muito colidiu comigo. Talvez, se não estivesse distraído e fosse melhor motorista, pudesse ter desviado, porém, aqui no Plano Espiritual, fui informado de que seria difícil eu desviar, porque não dava para ver o carro por causa da curva e eu estava na minha faixa. O motorista do carro estava com muitos problemas financeiros e com a família, e tudo indicava, para os encarnados, que ele queria morrer. Porém escolheu fazer esse ato com imprudência, porque tirou a vida física de uma pessoa. Além de suicida, foi considerado homicida. Porém, nesse ato, não houve ódio, e isso atenuou o segundo ato, o homicida. Por que tinha de ser eu? Por que passei por ali naquele momento? Naquela curva perigosa? Tudo tem razão de ser. Tinha de desencarnar por um acidente e perdoar. Claro que perdoei e me preocupei com ele; assim que pude, fui vê-lo acompanhado por um orientador; ele estava, e ainda está, no Umbral; falei com ele e pedi para não ter tanto ódio, porque ele, desencarnado, descobriu que a esposa o traía, dava o dinheiro dele para o amante e que agora, viúva, estava com ele. Eu falei para ele que, pela sua imprudência, eu desencarnara e que estava ali para dizer que eu o perdoava, que então era para ele perdoar e pedir perdão a Deus. Ele me agradeceu por perdoá-lo, mas disse que não perdoava e que, assim que fosse possível, ele ia se vingar da ex-esposa e do amante dela. Senti dó dele e meu orientador me puxou e fomos embora. Penso que ele tem que se melhorar sozinho. A minha parte eu fiz, fui visitá-lo, tentei ajudá-lo e o perdoei. Pena que não aceitou ajuda.

— O que faz no Plano Espiritual? O que pretende fazer?

— Queria muito trabalhar como ajudante no centro espírita que frequentei encarnado. Pedi e, para isso, estudei, estagiei e, para minha alegria, é lá que trabalho. É uma ocupação em que se aprende muito. E tenho a recompensa, porque vejo sempre meus familiares. Marta, a filha, o genro e os dois netos vão sempre; assim sei deles e vê-los é muito bom. A outra filha foi estudar numa cidade grande, formou-se, tem um bom emprego e, quando vai visitar a mãe, também vai ao centro espírita. Com a minha desencarnação, minha filha e genro se mudaram para o sítio, que está atualmente quase que na periferia da cidade, porque a cidadezinha se tornou uma cidade de porte médio.

— Você quer acrescentar mais alguma coisa?

— Se for possível, quero escrever um texto de uma palestra que ouvi. Posso?

— Sim, fique à vontade.

— O orador falou de um assunto interessante e que me esclareceu; foi um texto do Evangelho de Lucas, capítulo doze, versículo vinte e seis: "Pois, se nem ainda podes fazer as coisas mínimas, por que estais ansiosos pelas outras?". Entendi, nesses ensinamentos, que não devemos querer fazer algo que, para nós, seja mais importante, fantástico, sem começar pelas pequenas tarefas. Até os grandes cientistas começaram aprendendo a escrever as letras, os números. Não queremos fazer algo considerado superior e desprezar as tarefas humildes. O êxito de qualquer trabalho se consegue quando se sabe fazer o começo, o simples. Não se podem recusar as pequenas tarefas e já querer as grandes, que ficam em evidência. Nada se faz bem se você não estiver atento às particularidades. Estejamos atentos às pequenas tarefas que Deus nos reservou. Um renomado médico foi à escola, assim como todos. Então, meu amigo, você, quando chamado a fazer o bem, comece aprendendo; tenha como exemplo os grandes trabalhadores, porém comece como eles começaram. Dê importância às tarefas simples, porque é através delas que se estará apto a fazer as grandes. Escutar essa palestra me fez muito bem, clareou meu caminho. Fui aprender no centro espírita e o fiz com atenção, nenhuma tarefa para mim era, é, pequena; o importante é fazer com amor e aprender. É com alegria que aprendo e faço o que tem que ser feito; a tarefa que me é delegada, tento fazê-la do melhor modo possível.

— Agradeço, Cecílio, por ter nos brindado com sua história de vida.

— Eu que agradeço. Foi uma experiência interessante.

Explicação de Antônio Carlos

É raro, mas acontece, de um espírito ou um grupo estar vagando e encontrar um local para ficar sem que ele, ou eles tenham vínculo com o lugar, mas, ao fazerem isso, é porque encontraram a "porta aberta", ou seja, um lugar onde não se fazem orações, o bem, enfim: que lhes seja agradável e que nada os incomode. Normalmente eles não são maus, são imprudentes, e, para passar o tempo, tentam encontrar algo que os divirta. Foi isso o que ocorreu no sítio. Com certeza, o antigo proprietário gostava de lá, mas não ficava muito, principalmente à noite, talvez por se sentir incomodado com os hóspedes desencarnados. Empregados não paravam, pelo mesmo motivo. O herdeiro, com receio de Cecílio não ficar, fez um contrato e ofereceu um salário alto, realmente queria alguém lá porque prometera ao tio cuidar dos dois cavalos e dos patos. Esse grupo de espíritos não queria fazer maldades, mas fazia. Incomodar pessoas não é certo, apavoravam o casal, principalmente Marta. Muitas vezes é pelo incômodo, sofrimento, que muitos procuram uma casa espírita. Não deve ser fácil morar numa casa e ter hóspedes desencarnados que fazem parte do "nem": "não fazem o mal nem o bem". De fato, o grupo se divertia; foi fácil, e normalmente não é difícil, tirá-los do lugar, porque quase sempre esses desencarnados não sabem o que fazer. Porém muitos desencarnados da turma do "nem" também não gostam de trabalhar, são ociosos. Às vezes, eles se tornam mais difíceis de receber ajuda. Espíritos ativos no mal, quando reconhecem seu erro, normalmente se tornam ativos no bem. Mas ociosos o são em qualquer lugar em que estejam. No Umbral, são obrigados, por castigos, a fazer tarefas. Num posto de socorro, é difícil, porque somente querem ser servidos e não fazer nada. Os desencarnados que estavam no sítio eram ociosos; são espíritos assim, que não gostam de fazer nada de útil, e às vezes nem de inútil, tudo para eles é dificultoso. Encarnam e continuam ociosos, até que aprendem a trabalhar, e às vezes esse aprendizado não é de forma fácil, isso ocorre porque perderam muitas oportunidades de aprender de forma fácil.

Infelizmente, ainda atualmente, antigamente eram mais, pessoas acham que espíritas conversam, "mexem" com os capetas, demônios; como o dono do mercadinho falou: "eles se entendem". Nós sabemos que existem desencarnados que ainda estão no caminho do mal, mas que podem mudar, não são maus para sempre. De fato, espíritas conversam com eles, fazem isso para ajudá-los. "Demônios", "capetas" não são termos certos para desencarnados que estão afastados de Deus. São espíritos e, como todos, filhos do Pai Amoroso.

Esses desencarnados brincalhões puderam fazer o que faziam porque ali tinha muitos fluidos da natureza. Temos muitas histórias de assombrações, ou seja, de aparições de desencarnados, em áreas rurais, matas, florestas, perto de rios, locais às vezes desabitados, mas ricos em energias da natureza. Esses desencarnados do sítio também usavam da energia do casal; embora eles não tivessem mediunidade ostensiva, tinham, em estado normal, a energia que todos os encarnados têm. Assim, eles sabiam, lembro que conhecimento é daquele que estuda, aprendeu, bastou um saber para ensinar aos outros, manipular esses fluidos e fazer com que fossem percebidos. Os bons gostam de ensinar, porém, quando o fazem, é para o aprendiz usar para o bem e com sabedoria; os bons prestam atenção em para quem ensinam; os maus são egoístas e não gostam de ensinar; se o fazem é normalmente para ter vantagens e, às vezes, o aprendiz tem de servir o que ensinou como empregado por tempo determinado. Isso acaba por ser bom, porque, com conhecimento, se faz melhor, seja o bem ou o mal.

Palestras são importantes tanto para encarnados como para desencarnados. Esse texto de Lucas que Cecílio citou é realmente muito esclarecedor. Infelizmente tenho visto, tanto no Plano Físico como no Espiritual, aprendizes se aborrecerem porque julgam que não lhes dão a atenção devida. Médiuns chegam no centro espírita já querendo tarefas que os deixem em evidência, e muitos, infelizmente, se não lhes dão, afastam-se reclamando, não querem começar, aprender com as importantes tarefas simples. Desencarnados também reclamam: "Eu fui isso, aquilo", "Eu sei" etc. Recusam certas tarefas, esquecendo que são por elas que aprendem a fazer as grandes. Se não dão o que querem, optam por não fazer nada. Isso é triste! Vera, a médium, e eu, para fazermos o primeiro livro, treinamos, estudamos por nove anos e, nesses anos, aprendemos muito com as pequenas tarefas. Ainda não fazemos nada de grande ou de importante, continuamos aprendendo e fazendo o que nos compete, mas com carinho e amor. É o exercício diário que nos faz querer servir. É o trabalho no bem, para o bem, que seja espontâneo, que nos faz caminhar na estrada do progresso.

São muitos os motivos para se procurar uma casa espírita e felizes são os que, após resolverem seus problemas, continuam a frequentar e a aprender, porque centros espíritas são maravilhosas escolas.

Capítulo 8

A SUBJUGAÇÃO

— De novo, não! — escutei minha mãe gritar.

Eu estava carpindo o quintal, larguei a enxada e corri para dentro da casa. Mariinha estava tendo outro ataque.

Minha irmã de doze anos estava passando mal. Mãinha tentava segurá-la porque ela pegara uma faca que estava na pia.

— Eu não a vi pegar a faca — justificou mãinha.

— Calma! Calma, mãinha! — pedi.

De "mãinha", era somente eu que a chamava. Minha irmã se chamava Maria do Rosário e, para todos, era Mariinha.

Tentei abraçá-la e, assim, mãinha conseguiu tirar a faca de sua mão.

— Graças a Deus! — exclamou minha mãe.

Continuei a abraçando e tentando, com voz em tom baixinho, aparentando tranquilidade, acalmá-la:

— Por favor, fique calma! Estou aqui com você!

Minha irmã, sempre que isso ocorria, nos ataques, exalava um cheiro ruim, ela se modificava, os olhos pareciam saltar, entortava a boca, gargalhava de forma estranha, virava a cabeça, às vezes andava nas pontas dos pés e quase sempre xingava, seu palavreado era grosseiro.

Por muitas vezes, ao tentar acalmá-la, ela me mordia, me arranhava e puxava meus cabelos, tirando tufos. Ela urrava. Era deprimente. Desta vez ela riu, depois chorou, foi se acalmando e desfaleceu; às vezes ela perdia os sentidos, mesmo; outras, ficava inerte. Depois sentia muitas dores pelo corpo pelos movimentos que fizera se contorcendo.

Mariinha sempre foi uma "criança problema". Frequentou pouco a escola, não queria ir, estava sempre com medo de tudo e de pessoas que não conhecia. Ela aprendeu a ler porque nós, os irmãos, a ensinamos. Mãinha teve quatro filhos, eu era o mais velho; nessa época, estava com quinze anos. Morávamos num pequeno sítio, todos nós ajudávamos painho na lavoura. Os outros dois irmãos eram meninos.

Minha irmã foi ficando cada vez mais estranha, esquisita, ficava por longos períodos calada, não queria fazer nada, às vezes falava de modo que ninguém entendia, olhava para a gente de forma que causava medo, trancava-se no quarto quando recebíamos visitas, acordava à noite aos gritos. E havia seis meses que tinham começado os ataques: ela se contorcia, gargalhava, por vezes subia na cama e pulava para cair no chão deitada, por isso depois sentia muitas dores e chorava.

Papai me deixou em casa para ajudar mãinha se ela precisasse. Eu era o único que conseguia acalmá-la e não tinha tanto medo como os outros irmãos. Eu tinha medo, mas este era menor do que a minha vontade de ajudar. Então eu trabalhava ajudando nos serviços da casa, na horta que tínhamos no quintal, pegava água na cisterna e ficava sempre atento quando era chamado.

— Ademir — falou mãinha enxugando as lágrimas do rosto —, vamos procurar o Benzedor. Na igreja eles pedem para não fazer isso, que é pecado e que o Benzedor mexe com o diabo. Pagaremos o atendimento dele, que é caro, mas penso que é o que temos que fazer. Gastamos com médico, remédios, e Mariinha só tem piorado.

Concordei. O médico em que levaram minha irmã era um clínico geral que nos fora recomendado. O diagnóstico foi que Mariinha estava fraca, tinha que se alimentar melhor, receitou ferro e calmantes. Quanto a se alimentar melhor, mãinha fazia de tudo para que ela comesse alimentos mais saudáveis e ricos em ferro. Tomava remédios, mas infelizmente não estava dando resultado.

Painho pediu que eu fosse junto para levá-la ao curandeiro, o senhor que benzia. Fomos de charrete. Usávamos como veículos uma bicicleta, o cavalo e a charrete. Esse senhor morava na periferia da cidade; ele tinha, ao lado de sua casa, um cômodo onde atendia as pessoas, e comentavam que, duas vezes por semana, lá se reuniam algumas pessoas e eles cantavam e dançavam. Ninguém sabia ao certo o que ele fazia, mas comentavam que ele separava casais, juntava outros, perseguia seus inimigos. Muitas pessoas tinham medo deles, do grupo, ou dele, do Benzedor, e outras pessoas o defendiam, dizendo que ele era uma boa pessoa; de fato, muitos foram beneficiados. Meus pais, católicos, tinham medo desse grupo liderado pelo senhor Ambrózio, que todos chamavam de Benzedor. Ele cobrava pelos atendimentos, e a quantia dependia do trabalho a ser feito.

Painho separou o dinheiro e observou:

— Espero, Eulália, que essa quantia baste.

Minha mãe se chamava Eulália. Eu sabia que painho estava gastando muito com minha irmã. Primeiro, por eu, o mais velho dos filhos, não ir para a lavoura; segundo, por gastar com médico e remédios; terceiro, com a alimentação diferenciada de Mariinha e por ela não fazer nada. Ali, os filhos, desde criança, ajudavam no sustento do lar.

No outro dia cedo, fomos nós quatro: painho, mãinha, Mariinha e eu. Chegamos no local em que o Benzedor atendia, ficamos na fila, tinha três atendimentos antes de nós. Eram pessoas da região, algumas vieram de longe. Aguardamos sentados numa área aberta em frente ao local. Fiquei atento à minha irmã; mãinha, por precaução, lhe dera, antes de irmos, dois comprimidos de calmantes e ela estava quieta, calada e alheia.

Escutei os comentários. Todos ali estavam para pedir ajuda para resolver suas dificuldades. Uma moça que trabalhava ali, organizava os atendimentos, recebia pelas consultas e explicou quando pagamos:

— Este valor é somente pela consulta; depois, pelo trabalho a ser feito, é o senhor Ambrózio que decide quanto cobrará.

Painho pagou, a consulta não era cara, comentavam que caro era o trabalho que ele faria depois para resolver o problema. A moça que nos atendeu sentou-se ao meu lado. Ali havia somente um pote d'água que as pessoas podiam pegar. Sentamos no banco e colocamos Mariinha no meio, entre mim e mãinha. Aproveitei que a moça estava ao meu lado para saber o que acontecia ali, a indaguei baixinho:

— O Benzedor faz o bem e o mal?

Falei em tom baixinho para mãinha não ficar brava comigo. A moça sorriu e respondeu baixinho também:

— O que é o "bem"? O que é o "mal"? O bem para um pode ser o mal para o outro. O Benzedor faz o que pede o consulente. Se o que a pessoa pede e pelo que paga é bom para ela, então o Benzedor faz o bem. Mas, se esse bem resultar em mal para outra pessoa, quem faz o mal é quem pagou.

— Dizem que ele castiga algumas pessoas. É verdade? — Estava curioso e quis saber.

— Pode ser que sim. Quem faz algo indevido merece castigo — respondeu a moça.

— Não existe Deus para isso? Para castigar?

— Penso que Deus está muito longe e deve estar muito ocupado, com outras preocupações, e não se interessa por essas picuinhas de homens e mulheres. Somos nós mesmos que temos de resolver nossas desavenças. Aqui se faz, aqui se paga!

— O Benzedor, que faz, não tem medo desse "faz e paga"? — perguntei.

— Claro que não! — exclamou a moça. — O "faz e paga" é de quem mandou fazer. Entendeu?

— Minha irmã — resolvi mudar de assunto — está doente, e a trouxemos aqui para ele nos ajudar.

— Se ele puder, irá ajudá-la — afirmou a moça.

— Você trabalha com ele?

— Sou empregada. Tenho que deixar tudo limpo, com água, organizo os atendimentos, recebo as consultas e depois limpo tudo novamente. Recebo um ordenado por mês.

— Ele já a ajudou? — quis saber.

— Sim e sou grata a ele. Meu pai foi embora de casa e minha mãe arrumou outro homem, que nos batia muito, em mim e no meu irmão. Ele tentou me estuprar, eu fugi e vim para cá. Pedi ajuda à esposa do senhor Ambrózio e ela me acolheu. O Benzedor ficou sabendo, se apiedou de mim e do meu irmão, e fez um trabalho para esse homem, que ficou doente. Eu fiquei com eles como empregada e sou grata. Esse companheiro de minha mãe foi definhando e morreu. Bem feito!

Eu me arrepiei e resolvi ficar calado. Fomos chamados, Mariinha não quis entrar, tive de carregá-la. Coloquei-a sentada e a fiquei segurando. Mãinha explicou, falando depressa:

— Senhor Benzedor, minha filha está muito estranha, a levamos ao médico, mas ela não melhorou com os remédios. Dei dois comprimidos de calmantes para ela para conseguirmos trazê-la.

O Benzedor vestia calça comprida e camisa, mas, em cima, uma túnica, capa preta bordada com símbolos em vermelho. Ele nos olhou, depois olhou para minha irmã, colocou a mão direita na cabeça dela e, por segundos, ficou assim com os olhos fechados; retirou a mão, olhou para meus pais e decidiu:

— Não posso ajudá-los! O caso é de vingança e não posso me intrometer. Podem ir embora! — O Benzedor olhou para a moça e ordenou: — Cecília, devolva o dinheiro e os oriente como de costume. Até logo!

Mostrou a saída com a mão. Peguei minha irmã no colo, porque ela se recusava a andar, ela estava inerte, mas revirava os olhos. Saímos. Coloquei-a sentada no banco, meus pais se sentaram e eu fui atrás da moça, que nos pedira para esperar porque ela encaminhava outra pessoa para ser atendida. Quando ela saiu da sala, eu me aproximei e pedi:

— Por favor, pode me explicar o que aconteceu?

— Quando o Benzedor percebe que não é caso para ele, não atende. Vou lhe devolver o dinheiro. Casos assim, em que ele não quer ou não pode interferir, ele orienta procurar os espíritas. O local que eles atendem fica do outro lado da cidade.

Ela me deu o dinheiro e o endereço. Querendo entender, perguntei:

— Moça, o que quer dizer "vingança"?

— Ora — respondeu ela —, é retribuir o mal com o mal. Não sabe o que é vingança?

— Sei, mas não entendi. Como alguém iria querer se vingar de minha irmã, menina ainda, quase não sai de casa e está doente? Ela, posso garantir, não fez mal nenhum e nem a ninguém.

— Se você não sabe, fique sabendo que vivemos muitas vezes com corpos diferentes. É um vai e volta. No caso de sua irmã, ela deve ter feito o mal em outra vida dela e, agora, quem recebeu a maldade está cobrando, se vingando.

Ao escutar a moça, eu fiz o sinal da cruz com a mão na frente do meu corpo. Ela sorriu e se afastou.

Voltei para perto deles, peguei minha irmã, que se recusava a andar, e fomos para a charrete.

— Já que não paguei o Benzedor, vamos à venda comprar umas coisas — decidiu painho.

A "venda" era um mercadinho, uma loja onde se vendiam muitas coisas, desde alimentos a ferramentas.

Paramos em frente, painho deixou a charrete numa sombra, meus pais desceram, e eu fiquei com Mariinha, que continuava inerte, com um sorriso estranho, e às vezes virava a cabeça. Fiquei atento. Minutos depois Mariinha quis descer, eu a segurei com força, e ela me arranhou. Minha mãe, sempre quando ela dormia, cortava as unhas dela bem rentes, mas, mesmo assim, ela me arranhava. Com o rosto sangrando, eu me acalmei e tentei acalmá-la.

— Tranquilize-se, Mariinha! Nós já vamos embora. Fique aqui comigo, estou com medo. Ajude-me! Calma, irmãzinha! Calma!

Sempre que eu tentava acalmá-la, falava mais ou menos isso. Se eu pedisse ajuda, dizendo estar com medo, ela parecia se dominar e querer me ajudar, então ia se acalmando e voltava a ficar inerte. Limpei o meu rosto. Meus pais retornaram, colocaram o que compraram na charrete. Mãinha me olhou, balançou a cabeça e determinou:

— Em casa desinfeto seu rosto.

Voltamos para casa calados; ao chegar, colocamos minha irmã na cama e mãinha medicou meu rosto. Voltamos ao trabalho.

Carpindo a horta, fiquei pensando e decidi procurar ajuda. Falei com minha mãe e ela contestou.

— Ademir, na igreja, eles falam que essas pessoas mexem com o capeta, que é pecado.

— Mãinha, penso que, no nosso caso, é o capeta que está mexendo conosco. Pecar é fazer o mal. Se a senhora permitir, amanhã, quando painho sair para o roçado, eu pego a bicicleta e vou à cidade, irei ao centro espírita, a moça me deu o endereço, e pedirei ajuda. Posso ir?

— Quando — concluiu minha mãe, que estava triste e desolada — não sabemos o que fazer e não vemos solução, devemos fazer o que nos aparece, o que se tem no momento. Espero, filho, que eles não cobrem. O dinheiro está contado, e eu não tenho nada para lhe dar. Vá, eu arrumo um lanche para você e tentarei acalmar Mariinha se ela tiver crise.

Assim fizemos. Fui de bicicleta para a cidade, encontrei fácil o centro espírita, mas, ao chegar, tive uma decepção, li um cartaz na porta com os horários de atendimento das reuniões, eram em dias específicos e no horário noturno. Sentei na calçada, estava cansado, teria de voltar e, como eles atendiam à noite, eu não conseguiria ir. Era perigoso andar pela estrada no escuro.

"O que eu faço? Oro? Peço a Nossa Senhora? Ai, meu Deus! O que eu faço?!"

— Menino! Menino! O que está fazendo? O que quer?

Olhei para quem falou. Era uma mulher. Demorei uns segundos para responder.

— Vim procurar ajuda aqui. Está fechado!

— Você está precisando de ajuda? Alimentos? Roupas? — perguntou a mulher.

— Penso que é oração. Vim pedir para a minha irmãzinha.

— Espere aqui que vou chamar uma pessoa para ajudá-lo — pediu a mulher.

Esperei orando. Logo a mulher voltou acompanhada de três pessoas, uma moça e dois homens. Eles me cumprimentaram sorrindo. Eu levantei e os segui, um homem abriu a porta e pediu para eu entrar. Sentamos e ele se apresentou:

— Chamo-me Deodoro, estou como orientador deste local de estudos e auxílio. Do que precisa, meu jovem?

— Eu me chamo Ademir, moro num sítio aqui perto. Vim aqui porque minha irmã está doente. Nós a levamos ao Benzedor e ele recomendou pedir ajuda aqui, porque ele não podia nos ajudar. Vim sozinho e de bicicleta. Meu pai está indeciso e não sabe o que fazer, estamos gastando muito dinheiro com ela. Não sei se o senhor cobra, mas antes preciso falar que não tenho, não temos mais dinheiro.

— Nós não cobramos — afirmou Deodoro. — Conte o que está acontecendo. Onde mora? Qual é o sítio?

Contei, falando rápido, e resumi:

— Minha irmã parece, às vezes, endemoniada. Tem crises e está piorando. Está fraca porque come muito pouco. Meus pais a levaram ao médico, e ele receitou vitaminas, deu dieta, recomendou os alimentos que ela deve comer, remédios calmantes e para dormir. Custaram caro e não estão adiantando.

— O que acontece nessas crises? — Deodoro quis saber.

Contei tudo, eles escutaram em silêncio. Viram em mim os sinais da agressão, unhadas e mordidas. Oraram, não prestei atenção, porque eu fazia minha oração, pedindo, rogando a Deus, Jesus e Nossa Senhora, socorro, ajuda.

— Vamos ajudar! — determinou Deodoro. — Agora vamos orar por você.

Os quatro me rodearam, estenderam as mãos em minha direção, eu me emocionei e chorei. Senti me fortalecer e muita paz. Depois os quatro se afastaram para um canto da sala, conversaram, aproximaram-se novamente de mim e Deodoro decidiu:

— Ademir, volte para sua casa e fale para sua mãe, longe de sua irmã, que amanhã eu e esse moço iremos lá para trazê-la aqui. Vamos resolver esse assunto. Peça para sua mãe dar a ela dois comprimidos do calmante e um para dormir. Sua irmã ficará boa.

— É um demônio que toma o corpo dela? A moça que trabalha com o Benzedor falou em vingança. Queria entender. É verdade que nascemos e morremos muitas vezes?

— É verdade — elucidou a mulher que me atendeu, que se chamava Rosinha e era esposa de Deodoro. — Mas isso ficará para depois. Entenderá com o tempo. Estamos combinados? Amanhã é domingo, eles irão cedo à sua casa para buscá-la e você vem junto. Depois os levaremos de volta.

Agradeci e voltei para casa. Chegando, fiz sinal para minha mãe ir para fora de casa, falei baixinho o que acontecera e, após, roguei:

— Mãinha, por favor, deixe-nos ir. Senti paz lá dentro, foi como se Jesus e Nossa Senhora atendessem nossas preces.

— Ela vai e você também — decidiu mãinha.

Fiz rápido o que tinha de fazer, ainda bem que Mariinha não teve crises. Minha mãe falou para meu pai; ele, embora não tenha gostado, não impediu.

No outro dia cedo, fizemos o recomendado e nada dissemos para Mariinha, que tomou os remédios e ficou inerte.

Vimos Deodoro chegar com sua esposa Rosinha e dois homens. Nós dois, minha irmã e eu, entramos na camionete, era a primeira vez que eu entrava num veículo motorizado. Fui ao lado de Mariinha, que apoiou a cabeça no meu ombro. Chegamos, descemos, e eu sempre apoiando minha irmã, que continuava inerte, estava realmente alheia; entramos com ela na sala. O centro espírita era pequeno, uma sala com cadeiras. Lá havia mais pessoas, todos oravam, pediram para eu colocá-la sentada numa cadeira no meio e ela foi rodeada pelas doze pessoas, homens e mulheres. Eu sentei fora da roda.

Rosinha fez uma oração pedindo proteção. Deodoro aproximou-se mais de Mariinha, e então ela teve uma crise, ou começou, virou a cabeça e quis se levantar.

— Respeite o local em que está! — ordenou Deodoro.

Mariinha permaneceu sentada. Com as mãos, Deodoro agiu como se ele tirasse alguém de um lugar e colocasse em outro. Tirou o desencarnado de perto de Mariinha e o colocou ao lado de uma médium. Minha irmã se aquietou e, se não fosse Rosinha tê-la amparado, ela teria caído da cadeira. Uma mulher começou a falar. Deodoro se dirigiu a ela, a médium:

— Bom dia — cumprimentou Deodoro —, espero poder ajudá-lo.

— "Ajuda", só se for para acabar com ela — disse a médium, repetindo o que dizia o desencarnado.

— Queremos auxiliar os dois. Por que faz isso?

— Engraçado. Por que não pergunta o que ela me fez? — Num intercâmbio mediúnico, o desencarnado falava e a médium repetia.

— Isso já é passado, passou — Deodoro explicou com tranquilidade.

— Para mim, não! Dará razão a mim se souber o que ela me fez.

— Senhor — Deodoro se dirigia ao desencarnado —, por que não pensa em você?

— Pois estou pensando.

— Não, você está vivendo a vida dela. Está estudando? Progredindo? Cuidando de você? Não quer nem saber daqueles que amou, que ama e que foi por eles amado — o orientador tentou elucidá-lo.

— Está apelando! Isso existiu, mas tudo mudou. Para mim a vingança é o mais importante.

— Por acaso é feliz? — Deodoro falava tranquilamente.

— Não, mas a culpa é dela, porém me satisfaço ao vê-la sofrer.

— Já não a fez sofrer o suficiente?

— Chega! — o desencarnado se irritou. — Não respondo mais! Se não é para vocês me ajudarem, eu me calo e derrubo tudo aqui. Quer ver? Primeiro vou fazer com essa mulher que está repetindo o que eu falo, porém ela não é tão boa assim, não repete os meus xingamentos, não grita. Levante-se!

A médium não se mexeu. Todos do grupo estavam atentos orando e Deodoro foi enérgico:

— Você não irá fazer nada. Por querer derrubá-la será amarrado e ficará sentado e imóvel. Estamos aqui para ajudar essa encarnada e você. Pare de odiar! A vingança o está fazendo sofrer.

— Eu, não! Ela, sim! — O desencarnado gargalhou, a médium não; educada na sua mediunidade, filtrava o que ele dizia e não gargalhou.

— Você já perdeu tempo demais querendo se vingar. Por que isso? É mais fácil você deixá-la e viver sua vida. Estamos oferecendo ajuda para você viver e ficar bem desencarnado. Aprenderá a fazer o bem.

— Você não sabe o que ela me fez — repetiu o desencarnado através da médium. — Se souberem, mudarão de opinião. Vou contar! Na outra vida dela, essa que aí está era uma bonita moça, filha de colonos numa fazenda, como eu. Trabalhava, e muito, e, desde pequeno, eu a amava. Namorávamos. Mas ela se engraçou com o filho do fazendeiro e passou a se encontrar com ele, me desprezando, sofri muito. O moço ia embora para a cidade, ela quis ir junto e ele disse que não. Os dois brigaram, ela pegou uma pedra, bateu na cabeça dele, ele caiu e morreu. Ela se desesperou, mas tratou logo de se safar, foi à casa-sede da fazenda e disse para o patrão que eu matara o filho dele. O senhor me prendeu, me torturou, eu neguei, mas não adiantou, muitas pessoas já tinham me visto os seguir e vigiá-los. Mesmo me vendo ser torturado, ela não contou a verdade. Nesse dia, houve uma invasão na fazenda, um bando a assaltou, meus pais me soltaram, me levaram para um esconderijo e cuidaram dos meus ferimentos. No assalto, houve tiros e mortos, o dono da fazenda foi morto. A polícia chegou, os assaltantes que sobraram fugiram. A fazenda, sem herdeiros diretos, ficou para um primo dele. Quando desencarnado, vim a saber que foi esse primo que organizou o assalto. Meus pais foram embora dessa fazenda, estavam com medo, me levaram, estava muito ferido, sofria demais, a tortura fora horrível. Fomos morar em outra fazenda, onde papai arrumou emprego. Eu fiquei deficiente, andava com dificuldade, fiquei corcunda e sentia muitas dores. Ela ficou na fazenda e tentou ser amante do novo proprietário, mas a mulher dele a expulsou. Ela veio me procurar. Morávamos, nessa época, somente nós três, meu pai, mamãe e eu. Papai, velho, trabalhava. Meus outros irmãos foram embora, mudaram-se para longe. Meus pais não queriam aceitá-la, mas eu insisti, eu a amava e, novamente, acreditei nela. Por dois meses, ela ficou comportada, ajudava minha mãe no serviço da casa. Depois começou a sair. Ela entrou na casa dos patrões e roubou, escondeu joias e dinheiro na nossa casa. Dando falta do que fora roubado, o patrão, com três empregados, revistaram todas as casas e, quando chegaram à nossa, encontraram. Ela acusou meu pai. Foi uma confusão e, nessa confusão, ela colocou um maço de dinheiro no bolso de meu pai. Ao revistá-lo, encontraram e atiraram em papai, o matando. Mamãe gritou desesperada, se sentiu mal e morreu. Eu não sabia o que fazer e ouvi do senhor da fazenda: "Enterrem os mortos e expulsem esses dois daqui". Pegou o dinheiro e as joias; os empregados levaram os corpos e nos deram meia hora para irmos embora. Ficamos nós dois na casa. "Temos que sair", disse. "Pegaremos algumas coisas, teremos de caminhar." "Vamos para a cidade", determinou ela. Em meia hora, somente com algumas coisas e roupas, saímos da casa e fomos para a estrada, rumo à cidade. Eu andava devagar e com dificuldade. Na estrada, ela resmungou: "Você, andando devagar assim, iremos demorar muito para chegar". "Foi você quem roubou o patrão? Meu pai não seria capaz", quis saber. "Claro que foi ele", afirmou ela. "Quem mais poderia ser? Ele roubou e todos nós fomos prejudicados." "E agora? O que iremos fazer?" Eu estava preocupado. "Você, eu não sei, mas eu vou para o prostíbulo, é o que me resta, sou jovem e bonita. A você, resta esmolar. Estou deixando você;

andando depressa, chegarei antes da noite à cidade. Estamos nos separando. Adeus! Não venha atrás de mim. Nunca! Ouviu bem? Negarei até que o conheço." "Não faça isso", implorei. "Eu a acolhi, por favor. Eu a amo!" "Pare com isso, não me venha com choro. Eu não gosto de você, não quero um aleijado para eu sustentar. Tchau!" Andou depressa, eu me esforcei para ir atrás dela. Não consegui, ela se afastou rapidamente, eu não a vi mais. Passei então a andar no meu ritmo. Escureceu, deitei-me na grama embaixo de uma árvore, estava muito cansado, tomei água, comi um pão que havia levado e tentei dormir. Meu sono foi confuso. De manhã, acordei e pensei no que havia acontecido: "Por que papai roubou? Por quê? Agora eles estão mortos". Então chorei a perda deles e compreendi o tanto que eles me fariam falta. Pensei até em procurar meus irmãos, mas eles haviam ido para longe e com certeza não me aceitariam, iriam me culpar pela morte deles, dos nossos pais. Na cidade, me abriguei, com outras pessoas que, como eu, não tinham onde morar, embaixo de um viaduto, uma construção por cima de um buraco. Todos a chamavam de Ponte Seca. Enturmei-me com o grupo que ali morava, pedíamos esmolas e, à tardinha, repartíamos o que ganhávamos. Nos dias de chuva, passávamos fome e, no frio, sentíamos muito. Oito meses se passaram e eu resolvi procurá-la; fui ao lugar em que as prostitutas moravam, pedindo informações, encontrei a casa em que ela estava. Pedi para falar com ela, anunciei que era um irmão dela, ela veio e, ao me ver, gritou: "Você não é meu irmão! É um vagabundo! Conheço-o de vista! O que quer? Ajuda? Nunca! Ouviu bem?". Eu insisti. Quis que se recordasse de mim. Ela ordenou para dois homens, penso que eram seguranças da casa ou clientes, que me batessem e expulsassem. Ordenou que eu não fosse mais ali e disse: "Fui eu quem roubou. Pena que não tenha dado certo.

Eu ia embora, fugiria à noite". Os dois homens me pegaram, me bateram, me jogaram na rua e ordenaram para ir logo embora. Cambaleando, fui para o nosso abrigo na ponte. À noite, quando meus companheiros chegaram, me ajudaram, eu estava fraco e com muitas dores. Pensei no meu pai, ele era inocente, e os dois morreram por minha causa; a culpa era dela, mas fora eu quem a aceitara na nossa casa, que a acolhera, eles foram contra. Pior que, quando eu a vi, toda enfeitada, bonita, entendi que ainda a amava. Não me recuperei. Mesmo com a ajuda dos meus companheiros de infortúnio, fiquei muito mal, eles me levaram para o hospital, fui acolhido, dormi, me deliciando numa cama limpa, mas estava fraco e acabei desencarnando.

O desencarnado fez uma pausa; ele, contando sua história de vida, vendo que todos estavam atentos, que Mariinha estava inerte pelos remédios que tomara e que Rosinha ainda a amparava, continuou falando pelo intercâmbio mediúnico:

— Desencarnei e fiquei ali, na ponte, por uns tempos; depois segui com uns desencarnados para o Umbral, enturmei-me com um bando, eles me ajudaram e me livrei da minha deficiência. Soube que ela desencarnara assassinada. Aprontava muitas e, numa dessas confusões, alguém a matou. Ela foi para o Umbral, porém se enturmou com outro grupo e estava protegida, entendi que eu não conseguiria me aproximar para castigá-la. Mas estava sempre sabendo dela e soube que ela fora levada pelos bons. Pensei que eu a havia perdido para sempre. Porém um dia a senti no corpo físico, estava reencarnada. Consegui vir até ela, e chegou o momento de me vingar. E aí? Vocês agora, sabendo que tenho motivos para me vingar, irão concordar comigo, não é?

— Senhor — elucidou o orientador —, vingança nenhuma é válida ou justa. Recebemos sempre de volta o que fazemos, seja pelas boas ações, seja pelas más. Você foi alertado na fazenda, pelos amigos, parentes e muito pelos seus pais, para não se envolver com ela, não atendeu aos conselhos. Depois, quando ela veio procurá-lo na outra fazenda, seus pais imploraram, você não os escutou e até foi rígido com eles. Você foi alertado e se arriscou. Como disse, recebemos de volta o que fazemos. Você teve motivos para ter ficado com deficiências. Você sabe disso?

— Não importa o que eu fiz, mas o que fizeram a mim! — expressou ele, não gostando do que ouviu.

— Mas isso está em você. Nossos atos são nossos e ficam em nós, no nosso espírito, não temos como nos desfazer deles. Você recebeu de volta o que fez. Na sua outra encarnação, foi capataz numa fazenda em que havia escravizado, e fez muitos castigos. Você se lembra?

— Não quero lembrar, mas sei o que eu fiz — disse ele falando mais contido. — Agora estou vendo, essas cenas vêm em minha mente, não consigo pará-las. Roubei uma vez, culpei um negro e o castiguei; o deixei, pelo castigo, deficiente. Nesta, eu, inocente, não matei o filho do patrão e fui castigado. Pare! Por favor, eu estou pedindo; por favor, apague essa lembrança, senão...

— Não ameace — pediu Deodoro. — Você não está em condições de ameaçar, está amarrado e não fará nada. Essas lembranças são suas e não minhas. Sabendo disso, não era para compreender, seguir sua vida e esquecê-la?

— Como esquecê-la se eu ainda a amo?

— Quem ama quer o bem do ser amado.

— Se ela ficar sadia, ficará com outro — afirmou ele.

— Você sabe que ela está doente, frágil, deixe-a viver, ela tem um resgate difícil. Cuide de você! — orientou Deodoro.

— Não! Não! E não!

— Você não ficará mais perto dela. Será levado para um local de onde não poderá sair e o aconselho a aproveitar essa oportunidade para aprender a ser uma boa pessoa.

— Não tenho escolha? Como fica o meu livre-arbítrio? — perguntou o desencarnado e a médium repetiu.

— Somos livres para agir, mas não para interferir na liberdade do outro. Nossas atitudes esbarram no livre-arbítrio do outro. Você agora irá deixá-la.

— Não quero ir.

— Você de fato, neste momento, não tem escolha — determinou o doutrinador. — Você já pensou que não está vivendo sua vida? O que tem feito a você nesses anos? Lembrou de seus pais? Quis revê-los? Pedir perdão e talvez ajudá-los? Eles desencarnaram de forma violenta, e por sua causa. Mas foi mais fácil para você culpá-la. Sim, ela teve culpa, mas foi você quem permitiu que ela fizesse o que fez. Você procurou saber dos seus companheiros que estiveram na ponte e que o ajudaram? Quis aprender a fazer o bem? Estudar? Progredir? Pediu perdão àquele que, naquela encarnação, foi o escravizado que você castigou sabendo que era inocente?

— Já disse que não importa o que fiz — ele falou.

Enquanto escutava, vinham cenas em sua mente.

— Você — determinou o orientador — agora irá pensar e repensar em tudo o que ouviu; o levaremos para um local onde terá muitas explicações. Mude! Mude para melhor!

— Eu pensava que ela poderia desencarnar e ficarmos juntos — disse ele e suspirou.

— Você não ficaria com ela. Sabe por quê? Nesta encarnação, ela não fez nada de errado e tem sofrido; ao desencarnar, seria socorrida e separada de você.

— Começo a entender. Será que eu, um dia, ficarei com ela? — O desencarnado falava e a médium repetia.

— Não pense nisso agora, mas em melhorar. Somente em sua melhora é que deve ser seu foco. Entendeu? — aconselhou o orientador.

— Sim, entendi. Vou embora com vocês — concordou ele.

O desencarnado foi afastado e Deodoro explicou:

— Ele foi levado para uma colônia onde abrigam desencarnados como ele, que muito erraram. Por um tempo, que o local irá determinar, ele não poderá sair. Lá, estudará, e esperamos que ele entenda que errou. Ele foi embora sem muita convicção, porém penso que, com estudo, entenderá. Vamos agora dar um passe em Mariinha, vamos tirar dela as energias negativas que ele lhe projetava e lhe doar as positivas.

O grupo a rodeou e oraram por ela, que ficou tranquila. Após, Rosinha serviu café com bolo, eu a fiz comer. Agradeci-os e voltamos, eles nos levaram de camionete. Mariinha estava tranquila e com sono. Chegamos em casa, mãinha percebeu que a filha melhorara, ficou contente e agradecida.

Mariinha não teve mais ataques, mas ela não era uma pessoa comum, fazia somente pequenas tarefas domésticas, alimentava-se e dormia pouco.

Eu me senti na obrigação de ir de novo lá, no centro espírita, e novamente agradecê-los. Fui de bicicleta. Eu os agradeci e Deodoro e Rosinha ficaram conversando comigo. Nessa conversa acabei por falar que eu queria continuar estudando e que não gostava de trabalhar no campo, foi então que recebi um convite de Deodoro:

— Por que você não vem morar aqui? No centro espírita, no fundo, temos um quarto com banheiro: você pode ficar lá, estudar e trabalhar para o seu sustento, fazendo a limpeza do centro espírita e ajudando Rosinha com o trabalho dela.

Alegrei-me e, em casa, implorei para meus pais deixarem. Eles concordaram e eu fui morar na cidade. Minha vida era uma rotina: levantava cedo e ia para a escola; à tarde, limpava o centro espírita e ajudava Rosinha no trabalho que ela fazia voluntário, fazia sopas todas as tardes para serem distribuídas à noite. Tomava as refeições na casa do casal e passei a ir às reuniões espíritas e a estudar o Espiritismo. Recebia pouco, mas ganhava roupas. Ia todos os domingos à casa de meus pais. Mariinha não teve mais ataques, mas continuava estranha, doente, fraca, não gostava de sair de casa, conversava pouco; se mãinha recebia visitas, ela se escondia no quarto. Eu insistia para meus pais a levarem no centro espírita e, quando a levavam, Mariinha ficava quietinha, recebia o passe, agradecia e às vezes sorria, era somente nesses momentos que sorria.

Completei o ginásio, agora o fundamental. Prestei um concurso público, passei e fiquei bem empregado. Passei a ajudar meus pais financeiramente, isto muito me alegrava. Comecei a namorar uma sobrinha de Deodoro, ela era professora e trabalhava, lecionava numa escola na cidade. Deu certo nosso relacionamento e nos casamos. Aprendi a dirigir os trabalhos no centro espírita, me tornei um espírita estudioso e trabalhador. Tivemos duas filhas. Penso que tive problemas como todos os encarnados os têm, mas foram superados.

Painho desencarnou, eu não quis receber nada e o sítio ficou para meus irmãos, que, desde pequenos, trabalhavam nele. Mãinha e minha irmã ficaram morando na mesma casa e eu as continuei ajudando. Minha mãe se preocupava muito em morrer e deixar a filha doente, mas ela recebeu a graça e minha irmã desencarnou primeiro. Minha irmã teve uma encarnação de resgate, na qual o sofrimento a ensinou. Mãinha ficou por dois anos sozinha e desencarnou.

Eu aproveitei minha encarnação, tive a graça de ser espírita e aprendi muito. Minha desencarnação foi tranquila. Fiquei doente e mudei de plano entendendo que estava voltando à Pátria Espiritual. Conhecimento e merecimento tornam gratificante essa volta. Dias depois, já estava apto a trabalhar. Encontrei meus pais e Mariinha, eles estavam bem. Alegrei-me em ver minha irmã sadia, estudando e fazendo tarefas. Ela me agradeceu, disse ser grata a Deus por ter permitido que resgatasse pela dor seus erros, aos nossos pais e às pessoas que a ajudaram. Contou que seu obsessor estava reencarnado e me disse:

— *Espero que um dia eu possa ser amiga dele.*

Respondendo à pergunta sobre por que me tornei espírita: foi pela subjugação de minha irmã.

Ademir

Perguntas de Antônio Carlos

— Você, quando dirigente encarnado de um centro espírita, defrontou-se com casos de obsessão?

— Sim, infelizmente sim. Ao fazer uma maldade, não se imagina como o outro pode lidar com essa ação. Muitos pensam, ao fazer uma maldade, que a pessoa que a recebeu não pode lhe fazer nada. Errado. No momento talvez, mas e no futuro? Os fatos mudam. Muitos recebem maldades e entendem que estão recebendo uma reação. Outros perdoam e seguem seu caminho. Alguns não perdoam e se vingam. Por vingança, ocorrem muitas obsessões. Eu não esqueço que foi por uma perseguição assim que eu me tornei espírita.

— O que você diria para uma pessoa obsediada?

— Para perdoar, pedir perdão, ter uma melhor vivência, ter bons pensamentos, orar, fazer o bem, ajudar as pessoas como gostaria de ser ajudada e, assim, sair da faixa vibratória do obsessor. E, se puder, ir a um centro espírita pedir ajuda para ele, o obsessor, para que seja encaminhado para um socorro.

— Eu o agradeço por ter aceito nosso convite e ter vindo ditar sua história — agradeci, eu, Antônio Carlos.

— Eu que agradeço, conheci e aprendi uma outra forma de me comunicar com os encarnados — respondeu Ademir.

Explicação de Antônio Carlos

A definição de "subjugação", quando no paroxismo, é aquilo a que vulgarmente dão o nome de "possessão". É de se notar que, nesse estado, o indivíduo subjugado tem muitas vezes consciência de que o que faz é ridículo, mas é forçado a fazê-lo, tal como se um homem mais vigoroso do que ele o obrigasse a mover, contra a vontade, os braços, as pernas e a língua. Nas *Obras Póstumas* de Allan Kardec, na primeira parte, "Manifestações dos espíritos", capítulo sete, "Da obsessão e possessão", "Subjugação" é uma constrição que paralisa a vontade daquele que a sofre e o faz agir ao grado daquele que subjuga. Resumindo: o indivíduo fica sob um verdadeiro jugo. A subjugação pode ser moral ou corporal. No primeiro caso, o subjugado é constrangido a tomar resoluções muitas vezes absurdas e comprometedoras que, por uma espécie de ilusão, ele julga sensatas: é como uma fascinação. No segundo caso, o espírito atua sobre os órgãos materiais e provoca movimentos involuntários. Vai, às vezes, mais longe a subjugação corporal, pois pode levar aos mais ridículos atos.

Segundo *O livro dos médiuns*, capítulo vinte e três, item duzentos e quarenta, a maldade é algo que marca quem a faz. Ações ficam em nós, no nosso espírito, e um dia chega a hora da colheita, que é obrigatória. Quem faz o bem colhe o bem, quem faz o mal recebe dores. Um age errado ao fazer atos errôneos; se quem os recebe não perdoa, ambos ficam no negativo até que o mal seja reparado ou perdoado. Mas, se perdoar, fica no positivo; se ele amar o ofensor, está no caminho certo, do progresso. Quem se vinga age no erro. Devemos perdoar e nunca pensar em nos vingar. Não importa se quem agiu errado merece ou não o sofrimento que o vingador possa fazê-lo sentir ao se vingar. Não se deve odiar. Aquele que odeia se enche de energia negativa, pegajosa, que o faz sofrer. Na minha experiência de vida, nunca vi um vingador bem; ele pode fingir estar satisfeito com o resultado de sua vingança, mas intimamente não está bem. Para todos nós, o bem-viver deve ser aquele que nada faz com que se sinta ofendido, porque tudo compreende. Quando se faz o mal, a maldade o faz ser uma pessoa má, isso é muito ruim, então o mau mesmo é quem o faz. Também não perdoar faz muito mal a quem se nega a perdoar.

Nesta história de vida, o obsessor não via mais nada, não tentou saber dos pais nem os ver ou os colegas da moradia da ponte que o ajudaram. Focou somente na vingança. Isso ocorre muito. Deixou de fazer para si, poderia ter ficado bem, progredindo, na companhia de afetos, mas preferiu sofrer e fazer sofrer. A subjugada sofreu e teve, pela sua reação, uma encarnação difícil, mas, após desencarnar, foi socorrida e ficou bem no Plano Espiritual.

A obsessão, a subjugação e a possessão são de fato acontecimentos tristes e sofridos.

Mas também tenho visto muitas pessoas procurarem ajuda em casas de orações, no Espiritismo e se tornarem religiosas. Acabam se tornando seres melhores por esse motivo e concluem que a obsessão foi um acontecimento difícil, de dores, mas que os levou a ser melhores.

O Benzedor não quis interferir; ele, com certeza, era médium e resolveu trabalhar com a mediunidade da maneira que quis, mas erroneamente. Ele, vendo o que acontecia, com certeza viu o desencarnado vingador e concluiu que não poderia vencê-lo ou achou que seria trabalhoso demais resolver o problema. Ainda bem que não cobrou pela consulta. Infelizmente tenho conhecimento de que muitos enganam, recebem o dinheiro e não fazem nada. Muitas pessoas como o Benzedor costumam se justificar: não faço o mal, quem faz é quem pediu e pagou. Sim, esse o fez mesmo, mas quem intermedeia não se isenta da culpa, erra também. Castigo? Deus não castiga. O que ocorre é que se recebe de volta o que se faz, é a Lei do Retorno, do fez e recebe. Castigo também não é justificado. Os atos são de quem os faz e também, nesta história, de quem mandou, pagou.

O pedido de Deodoro para dar calmantes para Mariinha fora para deixá-la inerte, penso que ele temeu que ela pudesse incorporar o obsessor e passar por uma situação complicada. Porque há tempos essa vingança a levava a fazer o que ele queria. Sedada, era mais difícil para ele. O orientador tirou esse desencarnado de perto de Mariinha e o colocou perto de uma médium, que sabia bem fazer esse intercâmbio, era educada mediunicamente.

O melhor é viver de modo a não fazer inimigos para não ser obsediado e nunca ser o obsessor.

Capítulo 9

O SOFRIMENTO

Acordei num leito confortável, nada de forro de plástico no colchão. O quarto era arejado, bonito, simples, pintado de amarelinho-claro, e tinha a cama, do lado da qual estava uma mesinha de cabeceira; na frente da cama, havia uma janela grande e, em frente a esta, uma mesinha e duas cadeiras. Havia duas portas. Olhei tudo e sorri. Estava me sentindo bem, respirava normalmente; não lembrava de fazer isso, respirar bem, havia muito tempo. Espreguicei as pernas e então me assustei: eu as estiquei. Por momentos, fiquei imóvel, tentei raciocinar. Devagar, estiquei novamente as pernas. Consegui. Então levantei o lençol que me cobria e olhei o meu corpo. Estava esticado na cama, parecia que meu corpo estava maior.

— *Levantei o lençol com facilidade!* — exclamei admirado.

Senti um pouco de receio, queria olhar minhas mãos, excitei-me e pensei: "*Será que as verei deformadas?*". Fechei os olhos e tentei raciocinar: "*Estou sonhando! Sonho que eu estou bem. Devo aproveitar este sonho*".

Abri os olhos e levantei os braços. Eu o fiz com facilidade, olhei para minhas mãos e novamente me assustei; meu susto foi tão grande que meu corpo pulou da cama.

— *Estão perfeitos! Normais! Meus dedos! Que beleza! Jesus, Maria e José! Que sonho agradável!*

Olhei para os meus pés, os mexi, estavam sadios e, ao fazer isso, não senti dores. Sorri, depois gargalhei.

— *Vou aproveitar que estou bem, levantar e dar uns pulos.*

Levantei com facilidade e dei três pulos, rindo como uma criança. Passei as mãos no meu rosto.

— *Será que também estou com o rosto normal? Será?*

Fui à janela e olhei, vi um bonito jardim e algumas pessoas passeando por ele.

Então raciocinei:

— *Este sonho está bom demais! Quarto diferente! Estou, ou talvez estava, no hospital, internado num quarto com outro paciente. Escutei que ia para a Unidade de Terapia Intensiva (UTI) e acordo num quarto sozinho, sem aparelhos e sadio. Nunca vi alguém mandar em sonhos! Será que desencarnei? Será? Ai, meu Deus!*

Por mais preparados que estejamos, a desencarnação ainda nos causa medo. Por quê? Penso que se fala muito mal da morte.

Passei novamente as mãos no meu rosto.

— *Será que estou com o rosto harmonizado?*

Prestei atenção nas duas portas.

— *Aquela deve ser a da entrada. Vou abrir essa outra.*

Eu falava o que pensava, quis escutar uma voz. Abri a porta, era um banheiro muito limpo. Vi um espelho na parede. Senti muito medo de olhar, aproximei-me devagar, dando dois passinhos para frente e um outro grande para trás.

— *Vamos, Mané! Olhe!*

Fiquei na frente do espelho, mas fechei os olhos. Abri devagar e vi uma imagem refletida. Estava normal, parecido com meu filho mais velho. Olhei, observando; dei um tapa no meu rosto e vi a imagem, passei a mão na testa.

— *Sou eu mesmo! Meu Deus!*

Voltei para o leito e me pus a pensar: "*Com toda a certeza eu desencarnei. Devo ter sido socorrido e aqui estou sem as deficiências do meu corpo físico*".

Acomodei-me no leito e recordei de minha vida encarnada.

Comecei a me sentir diferente, penso que estava com três anos. Eu tinha dois irmãos e duas irmãs, todos sadios e bonitos. Notei porque eu ficava em pé me escorando, sentava, dava somente alguns passos, enquanto meus irmãos corriam, pulavam, e eu não conseguia. Porém eu falava, e certo para minha idade, era inteligente. Não entendia por que as pessoas me olhavam; às vezes sorriam; outras vezes faziam expressões de piedade. Andei com quatro anos, mas nunca o fiz depressa ou corri, tinha muitas dificuldades com as pernas e também com as mãos. Percebi que não eram somente essas as diferenças, eu era feio. Minha cabeça era grande, desproporcional, testa larga, nariz achatado, a boca ligeiramente torta para o lado esquerdo; meus olhos esverdeados eram bonitos, mas não ornavam; minhas sobrancelhas eram muito perto dos olhos. Nada em mim se harmonizava. Tinha, para minha idade, peso e medida abaixo do padrão. Meus pais não eram ricos nem pobres, eram de classe média. Papai tinha uma oficina mecânica e nós morávamos na casa ao lado.

Meus pais devem ter sofrido por eu ser assim, porém eles nunca, perto de mim, demonstraram. A família toda se reunia para me ajudar, principalmente uma tia e meus avós; essa tia era formada professora, porém não lecionava; me ensinou a ler e a escrever, eu aprendi rápido; com cinco anos estava alfabetizado. Ao ver os cadernos e livros dos meus irmãos, eu os lia, e às vezes ensinava para eles as lições, as tarefas de casa.

Mamãe resolveu que tinha de ir à escola, fui com nove anos e, pelos testes que fiz, fui para a quarta série, mas poderia ir para as mais avançadas. Na escola foi que realmente senti a diferença. Mamãe havia me explicado e repetiu que todos me olhariam querendo saber o que acontecera, por que eu era assim e que, passada a curiosidade, tudo ficaria normal. Mas essa normalidade nunca existiu. Penso que as professoras falavam muito de mim porque os alunos, nos primeiros dias, me olhavam disfarçado, evitavam rir na minha frente. Eu me esforcei para me adaptar, queria estudar porque gostava muito. Meus pais escolheram uma escola que não era perto da nossa casa, porque achavam ser melhor, e era em que meus irmãos estudavam. A escola era boa, e meus irmãos, mais velhos que eu, pois fui o caçula, iam a pé ou de bicicleta, mas eu não conseguia andar muito, então papai passou a me levar de carro e buscar.

Tive paciência e tentei ser bom colega; vi meus colegas curiosos, então pedi para a professora para que eu pudesse falar de mim; ela consentiu, eu fui à frente e falei:

— Nasci com deficiência física, mas não intelectual, sou inteligente. Também sou esforçado. Minha deficiência não pega. Sou diferente no corpo, mas não na alma. Sei que posso ser tenebroso, feio, mas sou um garoto como todos vocês. Tem nome a minha deficiência, a medicina dá nome para tudo, mas isso não importa. Gostaria de ser amigo de vocês. Obrigado!

A professora puxou as palmas e todos aplaudiram. Tive problemas, sim, e muitos, na escola: escutava comentários de crianças, alguns maldosos, sobre mim, mas tive amigos que conquistei, estava sempre ajudando nas tarefas, explicando lições, e minhas notas eram excelentes. No recreio, comia meu lanche e ficava sentado; no começo, muitas vezes fiquei sozinho, mas depois os colegas vinham conversar.

Estava com treze anos quando comecei a sentir algo, não sabia explicar o que era, parecia ter alguém perto de mim, isto estava me incomodando.

Fomos numa tarde de domingo numa sorveteria, sentamos a família toda numa mesa e escolhemos os sorvetes. Um colega de classe passou na rua e fez um sinal para eu ir até ele. Fui.

— Manuel — disse ele —, você fez a lição de matemática? Fez! O resultado deu 102?

— Deu, sim!

— Que bom! Então acertei. Preciso de notas! Tchau!

Ia entrar quando vi no chão um papel. Peguei. Encostei na parede, ficar em pé era, para mim, mais difícil que andar. Li: "O remédio salutar", "Confessai as vossas culpas uns aos outros, e orai pelos outros para que sareis. Tiago, 5:16". Interessei-me e continuei lendo: "Oreis para sarar. A doença sempre constitui fantasma terrível no campo humano, qual se a carne fosse tocada de maldição; entretanto, podemos afiançar que o número de enfermidades, essencialmente orgânicas, sem interferências psíquicas, é positivamente diminuto. A maioria das moléstias procede da alma, das profundezas do ser. (...) A cura jamais chegará sem o reajustamento íntimo necessário (...)".

Na folha estava de onde o texto fora tirado, do livro *Vinha de luz*, escrito pelo espírito de Emmanuel, psicografado por Francisco Cândido Xavier. E também estava o nome de um centro espírita e o endereço.

Dobrei o papel, coloquei-o no bolso e fui tomar o sorvete.

Meus irmãos saíam para passear; embora eles gostassem de mim e estivessem sempre me ajudando, eu sentia, sabia que eles tinham vergonha de mim. Por isso eu sempre recusei sair com eles; se às vezes mamãe ou papai insistia, eu recusava, entendia meus irmãos; para mim era a fase, e eles, adultos, mudariam de atitude.

Sempre ganhei prêmios de "melhor aluno" e me emocionei quando os meus colegas me elegeram como o "melhor colega". Sabia que muitos deles nunca sairiam comigo nem me chamariam para ir a uma festa. Eu os entendia e nunca achei ruim, embora muitas vezes eu tenha chorado. Não queria ser como eu era, mas sentia que era merecido, ou seja, que eu tinha de ser daquele jeito.

Voltando ao papel que eu encontrara, em casa li e reli. Duas noites depois eu sonhei com uma pessoa ruim que gargalhou e disse: *"Até que enfim o encontrei! Mas é aleijado! Horroroso! Por essa eu não esperava!"*.

Eu gritei e mamãe foi correndo. Abraçou-me e pediu ajuda para Nossa Senhora.

— Filho! Filho! — ela repetia.

— A senhora viu essa alma? — perguntei.

— Vi!

Mamãe tremia. Acalmamo-nos, e ela deitou comigo na cama. Dormimos. No outro dia, decidi ir ao centro espírita, o endereço estava no papel. Peguei um táxi e fui; quando cheguei, faltavam vinte minutos para começar. Entrei, sentei e esperei. Não sabia o que fazer. Um senhor foi até mim, cumprimentou e indagou:

— Mocinho, você conhece um centro espírita?

— Não, senhor. Achei no chão uma mensagem com o endereço e vim. Tenho sentido uma alma perto de mim. Minha mãe também viu. Essa alma me falou que me encontrou e que ficou surpresa com o meu aspecto.

— Você quer ajuda? — perguntou o senhor.

— Sim, sempre preciso de ajuda. Mas não sei o que pedir.

— Pois eu sei. Vamos conversar com essa alma, espírito, esse desencarnado, e convencê-lo a não se aproximar mais de você. Logo nossa reunião começará e peço-lhe ficar até o final e receber o passe.

Senti-me muito bem ali; fui acolhido e sentia que aquele desencarnado que me encontrara fora afastado de mim, recebera orientação e ajuda. Quando a reunião terminou, o senhor que conversara comigo me deu um livro, *O Evangelho segundo o Espiritismo*, de Allan Kardec, e me convidou para voltar. Um casal se aproximou de mim, se apresentou e me convidou:

— Moramos relativamente perto de você. Quer carona?

Aceitei e combinamos de eu ir com eles duas vezes por semana, eles me dariam carona para eu ir ao centro espírita.

Li com atenção o livro *O Evangelho segundo o Espiritismo*, de Allan Kardec, e li, reli, estudei o capítulo cinco, "Bem-aventurados os aflitos", e risquei as frases que muito me ajudaram; li tantas vezes que as decorei. São elas: no item três, "Mas então se pergunta por que uns sofrem mais do que outros; por que uns nascem na miséria e outros na opulência, sem nada terem feito para justificar essa posição; por que para uns nada dá certo, enquanto para outros tudo parece sorrir? Mas o que ainda menos se compreende é ver os bens e os males tão desigualmente distribuídos entre o vício e a virtude, ver homens virtuosos sofrerem ao lado de malvados que prosperam". No item quatro: "Sem isso, ele não teria nenhum motivo para se emendar e, confiante na impunidade, retardaria o seu adiantamento e portanto a sua felicidade futura". Item seis: "O homem não é, portanto, punido sempre, ou completamente punido, na sua existência presente, mas jamais escapa às consequências de suas faltas". Item sete: "O homem sofre aquilo que fez os outros sofrerem". Item oito: "Concede aos homens a faculdade de reparação". Item nove: "A expiação serve sempre de prova, mas a prova nem sempre é uma expiação".

Lembrar desses textos que tanto me auxiliaram me acalmou e eu continuei a recordar:

Não senti mais o desencarnado perto de mim. Meus pais eram religiosos, seguiam outra religião, mas não se importaram de eu ir ao centro espírita. Formei-me e tomei parte somente no recebimento do diploma, mas não da festa. Queria continuar estudando, mas, diante dos muitos obstáculos, optei por trabalhar com papai na oficina. Aprendi rápido, bastava escutar o barulho do veículo para saber o que estava danificado. Sabia consertar, ou melhor, como consertar, já que na maioria das vezes eu não conseguia porque eu não ficava muito tempo de pé nem agachava, mas explicava o que tinha que ser feito.

De fato não cresci muito, fiquei com um metro e quarenta centímetros. Continuei feio, a cabeça desproporcional, cabelos ralos, nariz grande, eu não me harmonizava; meus pés eram tortos, um maior do que o outro, as pernas finas, os braços também eram tortos, assim como meus dedos. Meus pés, pernas, braços, todo o meu corpo era dolorido, ou seja, estava sempre doendo.

Penso que eu tinha motivos para ser servido, porém concluí, com o entendimento da Doutrina Espírita, que, quando nos habituamos a ser servidos, não sabemos agir em situação nenhuma; no entanto, quando optamos por servir, encontramos, dentro de nós, recursos para resolver todas as nossas dificuldades, reduzindo assim as situações complicadas de nossa vida, porque normalmente descobrimos meios de resolver os problemas. Optei, graças a Deus, por ser útil, servir e não ser servido.

Minha vida era de rotina, estava com vinte e três anos, meus irmãos se casaram, os sobrinhos vieram e todos sadios. Eu ia ao centro espírita duas a três vezes por semana, lia muito, fiz cursos e amei entender a vida pelos ensinamentos espíritas. Todos os dias fazia a leitura do Evangelho e gostava muito do quinto capítulo.

A oficina do papai comigo era muito procurada, fazíamos reparos, consertos que ficavam muito bons.

Eu gostava de ver uma vizinha, ela era mais nova, dezessete anos, eu a achava bonita, evitava olhá-la muito, porque ela sempre me cumprimentava e foram poucas vezes que conversamos. Pensei que estava gostando dela, mas sentia ser impossível. Com certeza, pensava, ficaria sozinho, ninguém se interessaria por mim.

De fato, meus irmãos, adultos, não mais sentiram vergonha de mim, e eu sempre convivi bem com eles. E, com os ensinamentos da Doutrina Espírita, eu, que estava sempre ajudando as pessoas, passei a auxiliar mais. Não me decepcionei quando essa vizinha apareceu com o namorado.

Uma moça que também frequentava o centro espírita ao qual eu ia passou a conversar mais comigo; numa noite, após os trabalhos, ela me convidou:

— Vamos comer uma pizza?

— Iremos com quem? — perguntei.

— Eu e você.

Naquela época tinha comprado um carro e o adaptei; levantei os pedais, o assento e dirigia bem, tirei a habilitação. Usava o carro para levar mamãe aos lugares, ir para o centro espírita. Resolvi ir com ela, que se chamava Magali. Fomos, comemos a pizza e conversamos muito. Ela me convidou para ir ao cinema. Eu ia ao cinema, às vezes mamãe ia comigo, ela gostava, papai não. Excitei-me em aceitar o convite dela, acabei aceitando. Magali me fez outros convites, pedia para lhe dar carona, para levá-la em algum lugar. Pensei bem e resolvi conversar com ela. Magali não era uma moça bonita, mas também não era feia; usava óculos por enxergar pouco, era de estatura mediana. Trabalhava como vendedora numa papelaria. Combinamos de ir ao cinema, mas eu a convidei para ir a uma sorveteria.

— Magali — disse —, não sei se é certo continuarmos a sair juntos. Não sei qual é sua intenção.

Magali riu; depois, séria, falou:

— Normalmente é a mulher que quer saber a intenção do homem. Bem, a minha é... digamos, indecente: quero você. Não percebeu?

Assustei-me e, por momentos, não soube o que fazer, então Magali completou:

— Manuel, seu Mané, interessei-me por você, descobri suas qualidades morais. Para mim, é importante me envolver com uma pessoa boa, honesta e espírita. Não sei por que se assustou. Parecia não ter complexos. Seu susto é porque não se interessa por mim?

Preferi beijá-la. Namoramos, casamos e tivemos três filhos, todos sadios e bonitos. Magali e eu vivemos bem, formamos um casal que sempre entendeu um ao outro, raramente discutíamos. Pensando nela, senti que Magali sempre me amara, e eu a ela.

Minha mãe me confessou que ela, com quatro filhos, quando engravidou de mim, não queria mais filhos; tentou muitas coisas para abortar, ela pensava que eu nascera com deficiência por esse motivo. Sentia remorso. Mas o Espiritismo me instruiu que não, a minha deficiência era um retorno de atos equivocados.

Meu pai desencarnou e eu fiquei com a oficina, os bens do papai foram divididos. Meu filho, mocinho, me ajudava. Tinha doze empregados, o local era muito procurado, porque o serviço era bem-feito e honesto.

Eu sentia sempre muitas dores, que pioraram com a idade; ia a médicos e evitava tomar remédios fortes para dores. E outras doenças novas se juntaram às velhas. Estava tendo muitas dificuldades para respirar, meus pulmões estavam doentes.

Suspirei profundamente e concluí:

— *Ou desencarnei ou estou sonhando.*

Vi uma campainha perto da cama, não me atrevi a tocá-la. Aguardei. Minutos se passaram e, como eu não acordava, concluí que mudara de plano e não sabia o que fazer.

A porta se abriu e vi um senhor, que me olhou sorrindo. Meu coração disparou. Não tive dúvidas: era o orientador desencarnado do centro espírita que eu frequentava, o amigo querido que estava sempre nos orientando e ajudando. Reconheci porque médiuns videntes estavam sempre o descrevendo.

— *Senhor Abílio?! Irmão Abílio?!* — exclamei.

— *Eu mesmo! Como está, meu irmão amigo?*

— *Bem... estava pensando no que poderia estar acontecendo. Agora sei: desencarnei.*

— Foi por muitas complicações e por muitas enfermidades que seu corpo físico expulsou seu espírito e você desencarnou. Precisa de alguma coisa?

— Olhe como estou bem! Olhe! — Eu estava eufórico. — *Veja meu rosto! Minhas mãos! Não sei como o senhor me reconheceu.*

— Manuel, o corpo com deficiência era a veste, a de carne e ossos. Sempre que eu o via, sabia que você curara seu perispírito, seu espírito.

— Estou bem!

Calei-me por uns segundos, depois olhei para meu amigo e o indaguei:

— O que faço agora? Já sei: agradecer. Muito obrigado, senhor Abílio. Muito obrigado!

— De nada! Você pode se trocar, ir ao jardim; amanhã irá para o seu novo lar e poderá se organizar para aprender e fazer muitas coisas.

— Sim! Sim!

O orientador amigo me deu mais umas explicações e se despediu. Eu me troquei e fui para o jardim. Realmente eu estava me sentindo muito bem, maravilhei-me com tudo; quando retornei para o quarto, vi em cima da mesinha uma réplica do meu livro: *O Evangelho segundo o Espiritismo*; abri no capítulo cinco, que eu lera muito, e fui a uma parte que agora, com certeza, compreendia melhor, no item doze, "Motivos de resignação": "Pelas palavras bem-aventurados os aflitos, porque eles serão consolados, Jesus indica, ao mesmo tempo, a compreensão que espera os que sofrem e a resignação que nos faz bendizer o sofrimento como o prelúdio da cura".

Minha família, espírita, fez tudo para me incentivar, mandaram bons pensamentos, embora eles sentissem a separação física. De fato, fiz e com certeza faria falta, isso porque fui muito presente nas vidas deles, estava sempre os ajudando com conselhos, com meu otimismo, com o meu amor. Mas eles entenderam que foi melhor para mim voltar ao Plano Espiritual. Abílio deu a eles notícias minhas os alegrando.

Foi tudo muito bom, fui morar numa casinha muito agradável, logo estava aprendendo a fazer tarefas, estudar e ser útil.

Nunca fui muito curioso para saber de minhas outras existências no corpo físico. Tive somente algumas lembranças espontâneas e não quis aprofundá-las. Foram: Reencarnei numa fazenda, meu pai era muito rico; com sua desencarnação, tudo foi dividido, éramos seis irmãos e cada um ficou com uma parte das terras. Uma grande fortuna dividida. Ficamos bem, mas não tão ricos como meu pai. Tivemos, na divisão, algumas desavenças; não nos tornamos inimigos, mas também não ficamos amigos. O fato é que tivemos que trabalhar, algo de que eu não gostava. Casei-me com uma mulher bonita, namoramos pouco, foi um casamento arranjado, porém eu a amei. Não tivemos filhos; estava casado havia três anos e oito meses quando me vi numa situação complicada; por falta de administração e trabalho, estava arruinado, havia pedido dinheiro emprestado, não tinha como pagar, ia perder tudo. Estava aflito, fui negociar a dívida e não consegui, não sabia o que fazer; havia ido à cidade para voltar no outro dia, mas resolvi retornar antes, era de noite. Entrei em casa, pensei que a esposa estivesse dormindo, então não fiz barulho. Vi a luz da lamparina acesa no quarto; ao escutar vozes, fiquei atrás da porta e os escutei conversando, ela e um homem, seu amante. Fiquei imóvel e, pela conversa, entendi que os dois se amavam, e há muito tempo, antes do nosso casamento. Eles me roubaram e iam fugir logo, ir para longe. Não quis flagrá-los, não tinha arma; saí de casa, peguei o cavalo e saí sem fazer barulho. Fui para um local, na divisa da minha fazenda com outra vizinha, onde havia um barranco alto; embaixo corria um pequeno rio, o lugar era perigoso e com muitas pedras. Friamente, decidi morrer. Estava arruinado, traído, não tinha como me recuperar, trabalhar e não queria ser empregado. Fiquei sentado por horas, pensando, e, quando começou a clarear, decidi que era a hora e pulei.

Não quis me lembrar mais, mas o fiz, lembrei do meu sofrimento e de ser levado para um Vale dos Suicidas. Na região comentaram muito do meu desencarne: umas pessoas acharam que me suicidara porque eu estava arruinado; outras diziam que fora um acidente, que eu à noite passara ali, o cavalo se assustara e eu caíra. E minha agora ex-esposa foi embora com o homem que ela amava, casou e teve filhos.

Lembrei de uma serva de minha casa, a reconheci, era a Magali, ela sempre me amara, fazia tudo para mim e foi ela quem, anos depois, me socorreu no Vale dos Suicidas.

Admirei-me: eu amei, amo Magali, e ela sempre me amou, amor de outra vida. Sou muito grato a ela e espero, quando Magali desencarnar, que possamos ficar juntos com carinho de amigos.

Quando Antônio Carlos fez o convite para uma reunião, fui; no momento em que estava aberto para quem quisesse falar, eu o fiz, contei minha história de vida e depois recebi o convite dele para escrever; aceitei contente porque eu tive uma encarnação com muitas dificuldades. Se anteriormente danifiquei uma vestimenta física sadia, a tive, nesta, com deficiências, para aprender a dar valor a um corpo sadio. Não esqueço pelo que passei e, pelo que vejo no meu trabalho, nós somos os autores de nossos infortúnios. Os sofrimentos são advertências que nos fazem sentir as diferenças entre o bem e o mal e que nos mostram a necessidade de evitar erros no presente para não sentir o retorno no futuro.

Aprendi, agora dou valor, sou resignado e, mesmo com deficiências, fiz o bem. Isso me foi maravilhoso!

Graças a Deus!

Manuel

Perguntas de Antônio Carlos

— Você não falou no que trabalha. Pode contar para nós?

— Estou como ajudante numa enfermaria masculina, de desencarnados muito necessitados.

— Tem planos para o futuro?

— Tenho, penso em estudar mais, porém estou sempre adiando porque faltam trabalhadores; se eu me ausentar, farei falta. Mas quero estudar, penso em fazer Medicina no Plano Espiritual para curar doentes.

— Espero que consiga. Eu o agradeço.

Despedimo-nos com um carinhoso abraço.

Explicação de Antônio Carlos

De fato, quando se danifica conscientemente o corpo físico, ele adoece, seja na mesma encarnação, seja na do futuro. Danifica-se com substâncias tóxicas como drogas e álcool, atitudes ilícitas, enfim, com erros, maldades etc. Porém, quando ocorre um fato como o de Manuel, ele se suicidou consciente, sofreu no Vale dos Suicidas e, após ter sido socorrido, arrependeu-se muito, mas não conseguiu recuperar seu perispírito, que estava com sequelas, e transmitem-se as deficiências para a nova roupagem física. No entanto, não se revoltou, enfrentou e tentou viver da melhor maneira que conseguiu. Optou por ajudar as pessoas, fez o bem. A deficiência não o impediu de ser útil; por esse motivo, seu perispírito se tornou sadio; ao desencarnar, sentiu-se sadio.

Como é bom ver uma pessoa ser útil. É admirável!

É na desencarnação que se recebe o primeiro retorno de nossos atos. Felizes os que voltam ao Plano Espiritual com a mala pronta e cheia de bons atos, com conhecimentos e merecimentos. Manuel resgatou seus atos equivocados e, melhor, fez o bem.

Magali o amara em sua outra encarnação e, nessa, o reencontrou e o amor continuou; o amara outrora como um homem bonito, amor verdadeiro que continuou com ele no corpo feio.

Nós todos estamos na Terra em peregrinação, ora vivemos no Plano Espiritual, ora no Plano Físico. Não somos moradores fixos de um lugar. Se estamos reencarnados bem financeiramente, talvez estejamos somente num alojamento melhor do que o daqueles que não possuem posses financeiras, mas a viagem é sempre para o mesmo lugar: o Plano Espiritual. Se a veste física com deficiência também é passageira porque ora podemos estar com a vestimenta bonita, ora feia, todos, se não desencarnarem jovens, a velhice chega. O aspecto bonito é temporário, como o da deficiência também. Normalmente esse tempo é tão curto. Manuel passou rápido por dois estágios no corpo físico: bonito e sadio, ao qual não deu valor, para o feio e com deficiências. Foi nessa última reencarnação dele que aprendeu com a dor e despertou para o bem. Que bom que aprendeu a lição! Sábios são aqueles que não abusam, aprendem pelas oportunidades para não ter a dor como mestra. Porque realmente estamos sempre em viagem e que essa seja educativa. Nada de fato é para sempre. Tudo passa!

Sobre o sofrimento, temos explicações bem definidas em duas obras de Léon Denis. No livro *Depois da morte*, no capítulo trinta e seis, parte quatro: "O sofrimento é inerente ao estado de imperfeição, mas atenua-se com o progresso e desaparece quando o espírito vence a matéria". E no livro do mesmo autor *O porquê da vida*: "Em todo o Universo o sofrimento é sobretudo um meio educativo e purificador".

O sofrimento é uma maneira de despertar nossa consciência, que às vezes tem ficado adormecida. Pode ser reparador, mas para nos ensinar que devemos nos modificar para melhor, nos renovar.

Capítulo 10

PERDÃO

Por mais que tivesse lido, li muitos livros espíritas, a desencarnação me tonteou um pouco. Explico: estive doente, um câncer que me fez sofrer muito por anos, porque o tratamento é dolorido, nada fácil; a doença, depois de uma longa medicação, pareceu estar curada e, de fato, pelos exames eu estava bem. Tinha que fazer periodicamente exames e, no terceiro, foi constatado que o câncer voltara. Cirurgia novamente, muitos remédios e, dessa vez, a doença não me abandonou. Câncer é ainda uma doença que maltrata, tanto a enfermidade quanto o tratamento são muito difíceis. Foram três anos e nove meses com dificuldades. Estava internada, melhorei um pouco e pensei muito nos acontecimentos de minha vida. Meu filho, aparentando estar mais aliviado com a minha melhora, foi ficar comigo. Chegou, beijou a minha testa, pegou na minha mão, beijou-a e expressou:

— Amo você, mãezinha querida! Sou grato por ter me perdoado!

Sorri e fui apagando, já tinha desmaiado algumas vezes, porém, dessa vez, meu coração parou. Meu filho não percebeu de imediato, segurava minha mão e, ao perceber que eu parara de respirar, chamou por socorro; foram enfermeiros, um médico e constataram que eu falecera, desencarnara. Vi tudo e pensei:

"Morri! Desencarnei! Meu corpo parou de funcionar!"

Continuei ali, vi meu filho se esforçando para ficar calmo e, pelo celular, ligou para as minhas filhas, para meu marido, para a esposa dele e para meus irmãos.

Deu-me sono, orei e pedi ajuda para a equipe desencarnada do centro espírita que frequentava. Vi espíritos bonitos se aproximarem, senti-me calma e dormi.

Acordei em outro leito, sem as sondas, aparelhos, me espreguicei, lembrei de como adormecera e concluí que desencarnara. Mas, ainda ligada à família, os senti no velório, enterro. Meu esposo sentiu muito e as duas filhas voltaram com ele à nossa casa. Depois as senti pegarem tudo o que eu usava (fora meu?) e doarem, organizarem a casa para que o pai continuasse morando lá sozinho como ele decidira.

— *Deixe-os para lá. Tenho que saber o que eu faço* — decidi.

— *Bom dia! A senhora falou alguma coisa?* — Uma jovem entrou no quarto, para mim ela era enfermeira trabalhadora do local onde estava abrigada.

— *Bom dia!* — respondi. — *Falei alto o que pensei. Desencarnei e estou num hospital, não é?*

— *Sim.* — A moça foi lacônica.

Por momentos nós duas não soubemos o que falar, foi a moça que quebrou o silêncio:

— *Pode se levantar se estiver se sentindo bem. Irei avisar a sua mãe que você acordou.*

Ela saiu, eu me levantei e me sentei numa cadeira. Esperaria. Tentei orar, precisei me concentrar para orar. De repente, a porta se abriu e minha mãe entrou. Abraçamo-nos e choramos. Ficamos por minutos juntinhas.

— *Filha* — falou mamãe —, *eu me preocupei tanto com você doente. Você está bem?*

— *Penso que sim, estou atordoada, às vezes pareço estar vivendo algo irreal.*

— *Isso passa logo!* — mamãe me animou. — *Vim buscá-la. Chega de hospital. Irá morar numa casa linda. Quero que você saiba que eu a amo.*

Fui com ela; a casa, muito bonita, era sem luxo e agradável, tive um quarto somente para mim. Por três dias mamãe ficou comigo, ela obtivera licença de seu trabalho, minha mãe era servidora no Educandário, cuidava de crianças.

Estava um tanto estranha, parecia que vivia outra vida; de fato, passei a ter uma outra forma de viver, e bem diferente. Não senti mais as dores nem os mal-estares e ficar me sentindo sadia era uma graça, uma benção. Mas, sinceramente, estava um pouco perdida, havia deixado tudo o que eu gostava, a casa, os filhos, e sentia falta dos amigos e do centro espírita, embora eu os sentisse orar por mim. Mamãe vinha me visitar, ela tinha seu canto no Educandário, mas estava sempre me ajudando para que eu me adaptasse. Demorei dois meses para me sentir mesmo desencarnada e querer fazer alguma coisa. Fui com mamãe ao Educandário e percebi logo que não era o trabalho que queria fazer. Fui com uma moradora da casa a uma enfermaria, mas talvez, por eu ter ficado muito tempo doente, e em hospitais, não gostei. Fui a mais dois lugares também, não deu certo e, por fim, fui trabalhar na biblioteca e gostei.

Fui fazer, após oito meses que estava no Plano Espiritual, um curso de conhecimento: aprendi a volitar, a dormir pouco, a não me alimentar e conheci muitos lugares. Após o curso, optei por trabalhar num posto de socorro, e lá faço muitas coisas. Estou bem agora desencarnada.

Por que me tornei espírita? O tema deste relato é esse. Aí complica, a história se torna diferente.

Morava numa casa simples, meu pai, mãe e dois irmãos. Mamãe trabalhava muito como empregada doméstica, meu pai fazia bicos e bebia sempre.

Estava com oito anos e dez meses quando meu pai me estuprou, foram muitas vezes seguidas; eu chorava de dor, ele ria e ameaçava que, se eu contasse para alguém, ele ia me bater de cinta e também o faria nos meus irmãos e na minha mãe.

Mamãe chegou e eu não contei, estava sentindo muitas dores. Fui à escola, não estava aguentando ficar sentada e me esforcei para não chorar. A professora viu que eu sangrava, pegou minha mão e ficou atrás de mim, isso para que os meus colegas não me vissem suja de sangue; me levou para a diretoria. Trataram-me com carinho, eu não contei nada com medo. A diretora me pegou no colo e a professora tirou minha calcinha, as duas me olharam e chamaram uma ambulância. A professora foi comigo para o hospital e comunicaram à polícia. Sentindo-me segura eu contei que fora meu pai que me machucara. Era muito inocente e nem sabia o que havia acontecido. Fiquei dois dias no hospital. Chamaram minha mãe, e meus avós maternos vieram. Meu pai foi preso.

Meus avós nos levaram para a casa deles: minha mãe, meus dois irmãos e eu. Meus avós não gostavam do meu pai, não concordaram quando minha mãe foi morar com ele. Minha mãe era surrada e sofreu muito com ele.

O período que moramos com meus avós foi calmo, vovó cuidava de nós e mamãe trabalhava. Meu pai ficou somente três meses preso; quando saiu, voltou para a casa que era dele, não podia se aproximar de nós, mas nunca nos deu nada. Na escola uma psicóloga me atendeu e tentou me ajudar.

Crescemos estudando e, muito jovens, começamos a trabalhar. O fato é que ficamos bem com nossos avós e mamãe sempre trabalhando muito.

Eu tinha medo de homens; com outro tratamento com psicóloga, compreendi que nem todos os homens eram iguais. Se eu não gostava de meu pai, quando entendi o que ele me fizera, passei a odiá-lo e pensei em me vingar. Planejei contratar dois homens para ir à casa dele, pegá-lo, estuprá-lo e machucá-lo bastante. Mas pensava: "Como encontrar esses homens?" Comecei a juntar dinheiro para fazer isso. Mamãe ficou doente, então gastei com ela o dinheiro que juntara e tive de adiar minha vingança. Meu avô tinha desencarnado fazia dois anos, e mamãe também fez sua passagem de plano. Cuidamos, meus irmãos e eu, da vovó. Meus irmãos se casaram. Um moço, vizinho, insistia em me namorar; saí com ele algumas vezes e foi natural para mim beijá-lo. Ele queria casar, eu quis me relacionar sexualmente com ele antes para ver se daria certo. Tudo foi normal, e casamos. Antes de casar, vovó desencarnou. Mesmo eu casada, não esqueci que ia me vingar. Odiava aquele que fora meu pai. Mas engravidei e tive três filhos, duas meninas e um menino. Com tantos afazeres, adiei a vingança. Penso que, com certeza, a vingança é um veneno que aquele que quer se vingar, com ódio, toma, pensando em maltratar o desafeto.

Com esse sentimento, eu, que tinha tudo para estar bem, aproveitar os bons momentos que a vida estava me dando, não conseguia, o veneno do ódio me corroía.

Meus dois irmãos e eu, sempre tivemos amizade, nos encontramos para conversar e um deles me contou:

— Zezé, soube que nosso pai está na pior. Vamos lá ver o que acontece com ele?

— Não! Não! E não! — respondi. — Ele merece sofrer, e muito. Com certeza receberá o que ele me fez.

Veio em mim, forte, a ideia da vingança e concluí que era o momento certo.

Meus dois irmãos foram visitar meu pai e se decepcionaram. Ele os ignorou e ainda falou que acontecera aquilo comigo porque eu o incentivara e o seduzi. Meus irmãos se injuriaram. Como ele podia falar assim de uma garotinha?

Para acompanhar meus filhos, que queriam muito ir e comprar livros, fui com eles à Bienal do Livro. Eles foram para um lado, e eu, para outro; combinamos de nos encontrar marcando hora e lugar para irmos embora. Fiquei passeando pelos estandes olhando os livros. Vi uma senhora autografando seus livros, estava tranquila, e sua tranquilidade me chamou atenção; fiquei olhando os livros, vi um com o título *Reconciliação*, escrito pelo espírito Antônio Carlos e psicografia de Vera Lúcia Marinzeck de Carvalho. Interessei-me; uma jovem me abordou, pegou o livro e me deu.

— A senhora quer dar uma olhada? Esse livro tem uma história muito bonita. A autora está ali autografando.

Era a senhora que me chamara atenção. Peguei o livro, abri e, na primeira página, estava a frase: "Portanto, se estás para fazer a tua oferta diante do altar, e te lembrares aí que teu irmão tem alguma coisa contra ti, deixa lá a tua oferta diante do altar, e vai reconciliar-te primeiro com teu irmão, e depois fazer a tua oferta. Mateus, 5: 23 a 24".

"Eu tenho", pensei, "algo contra alguém, mas não fui eu quem fez o mal, me fizeram. Penso que dá no mesmo".

— Vou comprá-lo — decidi.

A mocinha me orientou como deveria fazer, paguei e fiquei na fila para pegar o autógrafo. A autora fazia para todos uma dedicatória. Aproximei-me, dei o livro, ela escreveu, me deu, olhou e perguntou:

— Você está querendo paz?

Eu afirmei com a cabeça e segurei o choro, fiquei emocionada na presença dela.

— Perdoe! — exclamou a médium.

— É difícil! — esforcei-me e falei. — Odeio o meu pai!

— Ódio nenhum é salutar — a autora falou tranquila me olhando. — Esse sentimento corrói quem o sente. Todos nós precisamos de perdão. Perdoar fará bem a você. Pense nisso! Leia o livro!

A fila estava grande, eu sorri e agradeci. Saí do estande, abri o livro e li a dedicatória: "Maria José, lembre que Jesus está sempre com você e, se Nosso Mestre Amigo perdoou, devemos seguir seu exemplo. A paz virá quando perdoar. Que Deus a abençoe. Com carinho".

Continuei a andar, mas voltei por duas vezes e fiquei olhando a médium de longe. Ela me dava paz.

Fomos embora; em casa, assim que foi possível, peguei o livro para ler, fiquei quase a noite toda lendo; quando acabei, eram quatro horas da manhã. Achei lindo. Depois reli prestando mais atenção. A história me comoveu. Comecei a entender o tanto que eu estava me fazendo mal. Sentimentos negativos são um veneno que se toma gota a gota. Pensei muito e resolvi ir a um centro espírita. Fui e gostei muito, receber o passe me foi gratificante. Resolvi não me vingar mais e perdoar, mas o fiz depois de muitas leituras, assistindo palestras. Quando perdoei, me senti leve, sem aquela energia nociva da raiva, do ódio. Mudei, tornei-me uma pessoa alegre. Tornei-me espírita e levei a família, íamos ao centro espírita nos dias de palestras e passes.

Meu irmão soube que nosso pai estava doente e passando por necessidade, os dois resolveram ajudá-lo. Eu dei dinheiro, metade do que guardava para contratar os homens para surrá-lo. Eles foram à casa dele, morava no mesmo lugar, levaram roupas, alimentos, compraram remédios e pagaram as dívidas dele. Ele não agradeceu, disse que tinham obrigação de fazer aquilo, entre outras coisas indevidas. Meus irmãos então resolveram não procurá-lo mais.

Eu não tinha mediunidade ostensiva para trabalhar com ela, mas não é somente com a mediunidade que se ajuda numa casa espírita. Quis cooperar, passei a ajudar na manutenção da casa. Na assistência social, o grupo da casa fazia uma vez por ano um bazar, passei a fazer trabalhos manuais para serem vendidos. E uma vez por semana o grupo se reunia para costurar roupas, fazíamos tanto para o frio quanto para a época de calor, que eram doadas para um hospital. Eu levava peças para casa para pregar botões e até para costurar.

Foi uma surpresa quando meu esposo me comunicou estar apaixonado por uma moça e que estava saindo de casa para morar com ela. Tínhamos a casa em que morávamos e mais outras duas, que alugávamos; ele tinha um bom emprego e eu também.

Resolvemos sem brigar que ele não nos daria nada, mas deixaria os aluguéis das duas casas para os filhos. De fato, levei um susto com a atitude dele, mas não fiz nada. Sem o marido em casa, me dediquei mais às atividades do centro espírita.

Dois anos se passaram, os filhos jovens, quase adultos; foi um filho que me deu a notícia de que o pai estava doente e sendo maltratado pela mulher que estava com ele. Meus filhos viam sempre o pai, às vezes saíam juntos, outras vezes se encontravam somente. Fizemos uma reunião, meus filhos e eu, e resolvemos buscá-lo e cuidar dele. Meu marido foi para minha casa, levara somente suas roupas. A mulher deu graças a Deus. Nós o levamos a médicos, cuidamos dele e, dois meses depois, estava bem, curado. Ele me pediu perdão e eu o perdoei. Quando ele me trocou por outra, eu senti, gostava dele, e de fato era uma boa esposa; fiquei sentida, mas não magoada. Não quis mal a ele, perdoei quando ele me pediu perdão e nos reconciliamos.

Aposentados, pedi para meu marido fazer alguma coisa para ocupar o tempo, ele foi trabalhar com um grupo que fazia berços, camas para serem doadas. Ele aprendeu e gostou demais dessa atividade. Eu passei a me dedicar mais à assistência social do grupo do centro espírita.

Meu filho mais velho arrumou uma namorada, uma moça leviana, que senti não ser uma boa pessoa. Falei com ele muitas vezes, que não me atendeu. Conversei com ela e pedi para ser melhor; ela inventou muitas coisas para meu filho, que acreditou nela e me ofendeu, ameaçou me bater, o pai entrou no meio, foi uma discussão muito triste; ele saiu de casa e, por oito meses, não o vimos, soubemos que foi morar com ela. Meu filho a flagrou o traindo; ele pegou suas roupas, voltou para casa, nos pediu perdão e perdoamos, eu perdoei.

Assim, por três vezes, algo de ruim aconteceu comigo e eu perdoei. Na primeira vez precisei de um incentivo, que foi pelo livro *Reconciliação*. Penso que eu não precisava ter me intoxicado com o rancor e desejo de vingança, se tivesse perdoado logo a primeira maldade. Meu pai não me pediu perdão, eu perdoei, fiz a minha parte. Não posso fazer ele pedir, ele tem o livre-arbítrio. Eu, perdoando, me desvinculei dele. Com os dois outros atos em que perdoei, foram pedidos. Foram maravilhosas as reconciliações. Usava muito a palavra "reconciliação", a achei tão profunda, tão gratificante, bonita. Se eu não tivesse perdoado, teria vínculo com o agressor, e isso somente teria me feito sofrer. O amor une as pessoas, mas o ódio também.

Ainda bem que perdoei, porque realmente somos perdoados quando perdoamos.

Maria José (Zezé)

Perguntas de Antônio Carlos

— Maria José, você visita sua família?

— Sim, sempre que possível vou visitá-los e às vezes posso ir às reuniões do centro espírita e vê-los, porque eles vão. Meu marido optou por morar sozinho, continua com seu trabalho voluntário e indo ao centro espírita. Os filhos estão sempre atentos a ele. Meus filhos são ótimas pessoas. Eu os amo!

— E seu pai, sabe dele?

— Ele desencarnou doente e sozinho. Infelizmente o fez com muitos atos errados, maldosos e está no Umbral, sofrendo e revoltado, mas não se arrependeu.

— Você pensa em ajudá-lo?

— Agora não tem o que fazer. Minha mãe já foi visitá-lo e ele a xingou. Estamos esperando ele se arrepender, a dor é uma excelente mestra, paciente, e ensina. Penso que será minha mãe quem o ajudará quando ele rogar com sinceridade por ajuda.

Oro por ele. Quando o perdoei, passei a orar por ele, mas ele rejeita qualquer energia boa. Mesmo assim, oro, com certeza um dia ele se arrependerá.

— Você sabe por que passou por essa maldade quando criança? Teve motivos?

— Com certeza sempre tem motivos. Não procurei saber. O passado passou e não temos como mudar uma vírgula. Não tive curiosidade. O meu presente está muito bom e espero plantar a boa semente para o futuro. Como se colhe! Eu colhi, pelos meus atos, a ajuda na minha desencarnação. Porque, definitivamente, é impossível colher sem plantar.

— Eu a agradeço pelo seu relato.

— Antônio Carlos, eu que o agradeço.

Explicação de Antônio Carlos

Acontece muitas vezes de um desencarnado recém-socorrido querer fazer alguma coisa de útil, procurar o que gosta e, como ocorreu com Maria José, passar por várias formas de tarefas até encontrar uma a que se adapte, que goste.

Quando oramos para uma pessoa, mandamos a ela energias boas, ela pode aceitar ou recusar. Isso ocorre com qualquer energia. A negativa também pode ser recusada. Alguns encarnados sentem quando a sua energia mandada é ou não aceita, tanto a boa como a ruim. Desencarnados sentem mais esse fato. Recusar, aceitar fazem parte do nosso livre-arbítrio.

As leis de Deus são imutáveis. E uma delas é a do livre-arbítrio. O Pai Sábio nos deu o tempo certo para cada um de nós fazer a nossa trajetória. Como um rio, tem a nascente, o trajeto a ser percorrido, e termina no mar, oceano. Como uma plantação que, ao nascer, tem o tempo de morrer, mas antes há a colheita. Isso é somente uma comparação para que entendamos que todos nós temos o nosso tempo, e, nessa caminhada, temos as Leis Divinas para nos guiar. Deus nos deu, a todos, o livre-arbítrio, e Ele respeita o que nos deu. Muitas pessoas se perguntam, penso que é por não entenderem, do porquê de muitos acontecimentos ruins, de sofrimentos. Às vezes questionam Deus. Realmente Deus, penso que raramente interfere em Suas Leis. É certo o que um amigo meu diz: "Deu, está dado". Realmente, Deus não nos impede de agir com maldade, mas também não impede o retorno de atos equivocados. Porém, como um Pai Amoroso, Ele nos deixou um filho para ajudar o outro. Isso ocorre nos dois planos: Físico e Espiritual. E, até chegarmos ao final de nossa trajetória, temos, ou passamos, por lugares tumultuados, por períodos de seca, dificuldades; outros, por enchentes de atos externos que nos fazem sofrer, mas há os períodos tranquilos, de bonanças, que nos fortalecem nos dando paz. Porém não podemos esquecer das provas por que passamos. No livro *O castelo dos sonhos*, que escrevi e que a Vera psicografou, somente escrevo com ela, Silas, o personagem, quis provar a si mesmo que continuaria a fazer o bem, prática que ele fazia já por várias encarnações, mesmo se fosse feio, tivesse deficiência física e sentisse dores. Fez, passou com êxito pela prova escolhida. E temos muitos exemplos com os quais podemos exemplificar de encarnados que, embora com muitas dificuldades, fizeram, fazem o bem.

Felizes são aqueles que escolhem provas, passam por elas e nos deixam exemplos.

Se queremos ser ajudados por um filho de Deus, nós também, como filhos de Deus, passamos a ajudar. Porque é fato: Deus deixa um filho Dele ajudar outro filho Dele!

Realmente, com toda a certeza, aquele que perdoa sente paz, e isso é gratificante.

Capítulo 11

O REMORSO

Como passei por momentos difíceis! Sofri! E abrigado numa colônia! É melhor eu explicar: desencarnei com trinta e oito anos, estava casado, tinha um bom relacionamento com a esposa e dois filhos pequenos: o mais velho com seis anos e o outro com três anos, dois lindos meninos. Estava supervisionando uma obra, caiu sobre mim uma pilha de madeira e meu corpo físico teve morte instantânea. De fato foi um acidente. Tudo foi muito rápido, questão de segundos. Como um segundo pode mudar o rumo de uma vida! Vi as madeiras caindo, desabando sobre mim e apaguei.

Acordei dois meses depois e foi um senhor quem me explicou:

— Marcelo, você está aqui há dois meses, optamos por deixá-lo dormindo para passar o período mais crítico. Você está bem?

"As madeiras caíram sobre mim", raciocinei, *"e acordo dois meses depois sem sinal de ferimento. Desencarnei!"*.

Chorei. O senhor me abraçou me reconfortando.

— *Marcelo, sabe que a vida é assim mesmo, ora lá, ora cá.*

— *Sim, mas não queria* — lastimei.

Ergui-me mais na cama levantando o travesseiro; pensei primeiro na minha mãe por senti-la chorando por mim, senti vovó a consolando, ou tentando, porque vovó também estava sofrendo. Pensei na minha esposa, a senti atarefada, tinha de resolver muitos problemas, mas sentia minha falta e saudade que doía. Pensei nos filhos: o mais novo não entendia, porém estava sempre me chamando, me querendo perto; o mais velho chorava de saudades.

— *Pelo amor de Deus!* — roguei para aquele homem. — *Amarre-me na cama, não me deixe sair!*

Chorei alto. O homem me cobriu com um lençol, ficou ao meu lado e tentou me consolar:

— *Marcelo, esses momentos difíceis passam. O importante é você entender que seu corpo físico, pelo acidente, teve morte súbita; você teve o merecimento de ser ajudado, veio para uma colônia e está em fase de adaptação. Sabe bem que não deve voltar.*

— *Não confio em mim se eles me chamarem... Será que não irei? Sei, sim, que não posso voltar. Devo ser grato por estar sendo socorrido, mas não queria ter morrido, desencarnado. Por quê? Tantas pessoas querendo tanto morrer que até se matam, eu não queria...*

Chorei. O senhor passou as mãos sobre mim e eu dormi.

Acordei e me lembrei de tudo, mexi na cama, mas o lençol me impedia de levantar.

— *Aquele senhor não me amarrou, mas o lençol me impede de sair. Ainda bem!* — exclamei e reclamei: — *Desencarnei! Foi injusto! Muito injusto! Pelo menos é o que penso. Mas foi comigo! Não queria ter desencarnado.*

Chorei de novo. Um moço se aproximou e tentou me consolar:

— *Marcelo, que bom que voltou à espiritualidade sem maldades, sem erros e pôde ser socorrido; aqui, orientado, logo estará bem.*

— *Não me importo em estar bem, penso que nunca ficarei. Estou me esforçando para não me revoltar. Por que tive que desencarnar? Sou jovem ainda, tenho dois filhos, queria continuar sendo o pai amoroso que, além de educá-los, acompanha a infância, a mocidade, os vê casados, é avô.*

Chorei, e muito.

O moço me deixou chorar e o fiz até cansar; depois ele me serviu água e caldo. Aquele senhor voltou a me visitar.

— *Sou responsável por esta ala, chamo-me Luís. Não se revolte, Marcelo, se esforce para se adaptar. Vamos ao jardim?*

Não estava com vontade de fazer nada. Ele me ajudou a levantar, a me trocar e fomos ao jardim.

— *Marcelo, tenho muitos afazeres; fique aqui, passeie, ande um pouco, tome sol, esforce-se para conversar. Volto daqui a uma hora; se quiser, voltaremos para o quarto, mas tudo bem se quiser ficar mais.*

Fiz o que ele sugeriu, andei entre os canteiros, mas não prestei atenção neles, e tomei sol. De repente, senti o meu filho mais velho dizer:

— Mamãe, na escola, todos nós fizemos um desenho para o pai, eu fiz, e a tia me disse que eu poderia dar a você. Vou colocar embaixo da fotografia do papai. Será que ele recebe? Mamãe, eu quero o papai!.

Tonteei e senti uma vontade forte de voltar, embora sabendo que não deveria. Abracei uma árvore, como se pedisse a ela para me segurar. Chorei. Senti duas pessoas, um homem e uma mulher, me ajudarem; um de cada lado segurou minhas mãos e abraçamos a árvore.

— *Calma, amigo! Calma! Pense em Jesus! Pense! Peça força a Ele!* — sugeriu o homem.

— *Ajudaremos você! Não saia!* — pediu a mulher.

Ela orou o Pai-Nosso. Foi somente isso que escutei, não ouvi mais, fui me acalmando.

— *Está bem? Vamos nos sentar aqui neste banco* — convidou a mulher. — *Pelo que entendi, você lutou com vontade para não retornar ao lar. Não faça isso. Se voltar, será somente para sofrer mais. Lá ninguém o verá, escutará e não saberá interferir para ajudá-los, e, pior, poderá perturbar e ainda prejudicá-los.*

— *Eu sei disso* — disse. — *Lá na Terra, encarnado, era espírita, e o Espiritismo nos ensina muitas coisas; se eu retornar, ainda corro o risco de desencarnados maldosos me pegarem, prenderem e me fazerem de escravizado. É que não queria ter desencarnado.*

— *Quem quer ser defunto? Morrer?* — perguntou o homem. — *Penso que poucas pessoas querem. Mas a morte do corpo ou, como se diz aqui, desencarnação é para todos. Todos! Desabafe! Fale para nós o porquê de estar sofrendo. Nós o escutaremos.*

— *Não sei o que dizer...*

— *Pois eu sei* — disse a mulher. — *Eu desencarnei com oitenta e dois anos, e também não queria, tinha medo porque cometi meus erros. Somente aceitei minha desencarnação depois que fui parar por dois anos num local ruim que se chama Umbral. Estou agora a fim de ser uma boa pessoa.*

— *Por que foi parar no Umbral?* — o homem quis saber.

— *Ora, fiz por merecer, somos atraídos para onde fizemos jus* — respondeu a mulher. — *Você, jovem Marcelo, pelo jeito, vivia encarnado de modo que muitas pessoas sentem a sua falta. Pior é aquele que, quando morre, dá alívio e ninguém sente sua falta. Ser querido deve ser seu consolo.*

Eu entendi, mas, naquele momento, não me serviu de consolo.

— *Olhe lá o senhor Luís, ou o doutor Luís, dizem que ele é médico, que foi quando encarnado* — informou o homem.

Luís se aproximou, cumprimentou os outros dois e me convidou a voltar para o quarto.

— *Senhor Luís* — roguei —, *por favor, eu não quero sair daqui num impulso de desespero. Ajude-me!*

— *Sim, vou atender seu pedido; por uns dias vou impedi-lo de sair do quarto sozinho. Tudo bem?*

— *Obrigado!*

Fiquei no hospital por seis meses, porque estive, por períodos, adormecido. Eu sofria muito, temia sair num impulso e não queria ter desencarnado.

Eu sempre fui uma pessoa ativa, tanto para estudar quanto para trabalhar, e senti falta de atividades. Saí do hospital, fui ficar numa escola para estudar, esforçava-me para ficar atento e, nesse período, fiz tratamento com dois psicólogos; isso me ajudou, mas ainda chorava muito, sofria, embora tentasse, esforçasse-me para me adaptar. Após dois anos foi que não tive mais vontade de sair. Via meus familiares por vídeos. Vovó desencarnou, eu sempre fui muito ligado a ela, e foi vovó quem muito me ajudou com sua severa chamada de atenção e muito carinho. Ativo, passei a trabalhar muito, era como se o trabalho me distraísse, mas passei também a ir ao teatro, às apresentações de corais, às palestras.

Foi depois de cinco anos que fui visitar minha família; vovó e um orientador foram comigo e eu os fiz prometer me trazerem de volta se eu quisesse ficar. Fui num horário em que todos estavam em casa. Minha esposa não mudara muito, somente tinha as linhas de expressão mais acentuadas; meus dois filhos haviam crescido muito, via-os por vídeos, mas ao vivo foi emocionante. O importante para mim era que eles estavam bem. Logo que desencarnei, minha esposa se mudou para uma casa menor dos pais dela e perto deles; ela alugou a nossa casa, que era grande. Recebeu o seguro do acidente e o guardou aplicado para uma eventualidade; se organizou com a pensão que recebia por mês e com o aluguel da casa. Formada em Fisioterapia, no período em que os meninos estavam na escola, ela arrumou um emprego numa clínica. Meus sogros são ricos e eles a ajudaram. Nesse quesito, dinheiro, não precisava me preocupar.

Retornei à colônia mais sossegado.

Agora que escrevo, faz treze anos que fiz minha mudança de plano e ainda, sinceramente, preferia estar encarnado. Aprendi a amar a vida encarnada e me esforço para amar a vida estando desencarnado.

Mas o convite que recebi foi para contar o porquê de ter seguido a Doutrina Espírita.

Meus avós maternos eram espíritas, minha mãe também; eu, se me perguntassem, diria que também seguia a religião codificada por Kardec, mas não seguia realmente.

Ocorreu um fato, estava com dezenove anos, meu avô sempre me deixava dirigir a camionete dele. Nesse tempo que ocorreu o que eu vou contar, namorava uma garota e estava com ela a passear. Num cruzamento, o sinaleiro, farol ou semáforo abriu para mim e passei; um moço numa moto passou com o sinal fechado para ele e colidiu comigo, com a camionete. Ele desencarnou no acidente. Eu me desesperei. Todos viram que eu estava certo, mas pensei que, se eu estivesse mais atento, talvez daria para ter evitado a colisão.

Foi um período difícil, tive de fazer tratamento com psicólogo, tomar remédios para dormir e calmantes. Sentir remorso é muito ruim. O fato é que eu, dirigindo a camionete e com uma garota bonita, estava esnobando, me achando o máximo. Talvez, se não fosse por isso, poderia ter evitado o acidente. Separei-me da garota, nosso namoro terminou. Senti muito remorso, que me fez sofrer. Remorso é um sentimento de inquietação, que sentimos na consciência, por algo que não deveríamos ter feito ou, no meu caso, evitado. Superei e me tornei espírita, a religião me confortou, me fez entender. Três anos depois recebi, por uma médium, um recado do moço que desencarnara naquele acidente, dizendo que me perdoava porque eu lhe pedia perdão, mas que eu não tivera culpa e que desejava muitas coisas boas para mim.

Não ia muito ao centro espírita, mas estava sempre lendo, gostava de assistir palestras e tinha os preceitos espíritas em mim, na minha vida: "fazer sempre o bem".

Fazia um ano e oito meses que estava desencarnado quando recebi a visita desse moço. Abraçamo-nos e ele me contou que estava, quando encarnado, sempre se arriscando, fazendo coisas perigosas; não queria desencarnar, mas era imprudente. Ele se arriscou passando o sinal vermelho, já havia feito isso antes e confiava que o outro evitaria o acidente. Infelizmente eu não consegui. Disse que ia reencarnar. Despedimo-nos como amigos.

Pensei muito se não foi por esse motivo que eu desencarnei num acidente e também jovem. Um orientador me ajudou, não recordei com detalhes de minhas existências anteriores, mas somente de um fato: por me sentir ofendido, sofrendo, procurei pela morte, foi uma situação de risco. E eu já havia feito isso outras vezes. Penso que esse motivo me fez amar a vida no período encarnado. Com toda a certeza aprendi a lição. O fato é que retornei ao Plano Espiritual sem ter cometido maldades, fiz o bem, fui bom filho, esposo, pai, amigo, patrão. Meu desencarne foi sentido.

É isso o que tenho a contar. Espero que tenha sido elucidativo. Agradeço, Antônio Carlos, o convite.

Marcelo

Perguntas de Antônio Carlos

— Você atualmente visita sua família encarnada?

— Minhas visitas não são muito assíduas, mas vou, vejo minha mãe, meus filhos e esposa.

— Como eles estão?

— Minha esposa é guerreira, ótima mãe, seu objetivo de vida é ser mãe. Meus filhos adolescentes dão algumas preocupações, mas são boas pessoas, estudam e são ativos. Minha esposa, depois de cinco anos de viuvez, passou a sair, ter amigos, já teve namorados, mas pensa em ter alguém para companhia somente quando os filhos saírem de casa. Torço para que seja uma boa pessoa, ela merece o melhor.

— No que trabalha?

— Em construções. Faço parte de uma equipe que está sempre reformando, aumentando ou construindo postos de socorro, seja junto de lugares de orações no Plano Físico, seja no Plano Espiritual. Gosto muito do que faço porque não ficamos somente na reforma ou construção. Quando vamos para o local onde vai ocorrer o trabalho, ajudamos muito os desencarnados ali presentes como socorridos.

— Quais são seus planos para o futuro?

— Ficar bastante tempo desencarnado. Talvez aprender a fazer outras tarefas. Meu objetivo é de melhorar sempre e ficar atento a quem precisa de ajuda, ao meu próximo. O próximo é aquele que está perto de nós, é a quem precisamos prestar imediata assistência.

— Desejo a você muito êxito nos seus planos e muitas alegrias. Eu o agradeço pelo seu relato.

Abraçamo-nos na despedida.

Explicação de Antônio Carlos

Escuto muito de encarnados, a maioria de seguidores do Espiritismo, que a vida desencarnada deve ser muito boa, principalmente se estiver abrigado numa colônia ou posto de socorro. Mas gostos diferem. Normalmente espíritos merecedores de ir para uma colônia espiritual, passado o período de adaptação, aprendizado, realmente gostam muito. Porém, sempre existe um "porém", para muitos, a mudança de plano é brusca, deixam tudo para viver com o que se é, que se fez, e em outro local. Podem se adaptar logo, mas, se têm família, amigos, a preocupação existe e, com a saudade, podem sentir vontade de voltar, querer ajudá-los, mas a ajuda que eles podem dar é limitada. Um desencarnado não tem com interferir no livre-arbítrio do ser que ama nem do retorno de seus atos equivocados. Muitos desencarnados sentem por isso, por saber, ver os que amam passar por dificuldades.

Faz tempo, um amigo meu desencarnou e pude socorrê-lo porque teve merecimento. Foi muito agradável nosso reencontro e eu o ciceroneei por um passeio pela colônia. Ele exclamava: *"Que beleza!"*, *"Que limpeza!"*, *"Interessante!"*, *"Muito bom!"*. Mas depois de duas horas ele virou para mim e pediu: *"Bom passeio! Antônio Carlos, agora pode me levar de volta?"*.

Marcelo entendeu bem e rápido que desencarnara e que não podia retornar ao seu lar; entendeu porque, como espírita, havia lido, escutado muito sobre esse fato.

Muitas pessoas que desencarnam têm o merecimento de um socorro, mas, não entendendo muito o que está acontecendo com elas, num impulso, saem do local em que estão abrigadas e quase sempre voltam para seus ex-lares ou para perto de afetos. No entanto, encontram tudo modificado, demoram para entender que não fazem mais parte daquela vida, porque não são vistas, ouvidas e, sem a sustentação do socorro, acabam se perturbando, se iludindo, se sentem encarnadas; esse fato as faz sofrer e também, com suas presenças perturbadas nos seus lares, prejudicam os encarnados, porque o desencarnado vampiriza, isto é, suga energias deles. É real o perigo de se tornar preso pelos umbralinos, porque, quando eles precisam de escravos, saem à "caça", infelizmente usam esse termo, "caça", de desencarnados imprudentes que ficam a vagar e os levam para o Umbral. Os que foram merecedores de um socorro sempre fazem amigos que estão atentos a eles e, quando eles clamam por ajuda, vêm auxiliá-los. Entretanto, isso não seria necessário se eles não tivessem saído do lugar que os abrigou.

O caso de Marcelo não é raro. Está sempre acontecendo isso, porque, de fato, para muitos, é difícil abandonar a vida física. Muitos ainda são ligados a bens materiais, mas o que mais ocorre, como no caso de Marcelo, é a saudade dos afetos, da vida em si. Esforçar-nos para nos adaptar deve fazer parte de nós. Devemos aprender a amar a vida, estejamos num plano ou em outro, porque estamos de passagem, ora lá, ora cá. Estar encarnado ou desencarnado faz parte de nossa trajetória.

Capítulo 12

ERA EU O INIMIGO

Tornei-me espírita por achar ser vítima e por ter medo de receber uma maldade. Engano!

Morava numa pequena cidade, na periferia. Meu papai trabalhava, e muito, de pedreiro. Minha mãe cuidava da casa. Éramos seis irmãos, eu era o terceiro. Tínhamos problemas, alguns financeiros, mas meu lar era de paz. Meus pais se amavam, não brigavam e nos amavam.

Todos nós, os filhos, tínhamos de ir à escola, pelo menos estudar até a quarta série, o "primário", como chamavam. Somente dois dos meus irmãos fizeram as outras quatro séries, o ginásio.

Tínhamos avós, muitos tios e primos, a família era grande e nos entendíamos, reuníamo-nos para festas e enterros.

Eu amava os animais, todos eles, e, talvez por afinidade, os animais sentem ser queridos, gostavam de mim. Quando percebi que, para comer carne, matava-se um ser vivo, que, pelo instinto, queria continuar vivendo, não comi mais carne. Desde os meus doze anos até o meu desencarne fui vegetariano.

Gostava dos meus irmãos, de todos os parentes, menos de meu pai. Quando ele retornava do trabalho, normalmente estava cansado, meus irmãos corriam até ele, e papai os beijava na testa e perguntava coisas corriqueiras como: se tudo estava bem ou como fora nosso dia. Depois beijava mamãe, ia tomar banho para jantar. Sempre que possível, tomávamos as refeições juntos. Orávamos sempre agradecendo os alimentos.

A vida familiar, conosco pequenos, parecia não ter problemas, porque meus pais não deixavam transparecer, mas os tínhamos; às vezes o trabalho do papai era pouco, ganhava menos; uma vez ele teve de fazer uma cirurgia de apendicite, eles passaram dificuldades para nos sustentar; outra vez foi mamãe, que, já com seis filhos, engravidou novamente e a criança morreu, ela passou muito mal. Tínhamos problemas comuns de encarnados, mas os dois se amavam.

Eu não gostava do papai; maiorzinho, passei a evitá-lo, fazendo coisas como ir ao banheiro quando ele chegava, evitar que me beijasse.

"Ele vai me fazer algum mal! Vai!", pensava sempre.

Embora não entendesse, eu sentia e esperava que papai me fizesse uma maldade. Papai e mamãe não batiam em nós, usavam conversas e às vezes castigos, e éramos educados; mesmo entre nós não costumávamos discutir.

Terminei a quarta série, saí da escola, tinha onze anos. Fui engraxar sapatos. Papai comprou para mim uma caixa, os apetrechos, e eu ia a certas casas e à praça, principalmente aos domingos. Ganhava, para mim, um bom dinheiro, comprava o que precisava e também o fazia para meus irmãos.

A sensação de que meu pai ia me fazer uma maldade estava cada vez mais forte, me incomodando.

Com treze anos deixei minha caixa de engraxate para o meu irmão e fui trabalhar num armazém, um mercado, gostei porque tinha um ordenado fixo.

Pensava muito no que sentia e não encontrava solução.

"Se papai vai me fazer uma maldade, o melhor é eu sair de casa, ir embora; comigo longe, ele não poderá me prejudicar. Mas como ir? Deixar mamãe, que amo tanto? E minha família? E como sair de casa? Ganho pouco para morar sozinho. O que faço?"

Matutava e não sabia o que fazer.

Mamãe percebeu e conversou comigo:

— Cláudio, por que você evita seu pai? Ele é uma pessoa tão boa, ama todos nós. O que acontece, filho?

— Nada, mamãe... nada.

De fato, meu pai era uma pessoa muito boa, era querido. Embora ele trabalhasse bastante, estava sempre ajudando vizinhos, os parentes e muito os meus avós, tanto os pais dele quanto os de mamãe.

Tentei disfarçar, mas a sensação era cada vez mais forte de que papai ia me fazer algo de ruim.

Conversando com um amigo, ele me disse que era espírita e que gostaria de saber o que ele fora em sua outra vida. Pedi para ele me falar mais sobre esse assunto. Ele me explicou que existe a reencarnação e que nós éramos espíritos que iam e voltavam à Terra muitas vezes; que, ao morrer, íamos ficar por um tempo em outro local e depois voltávamos a nascer de novo em outro corpo. Como ele me viu surpreso, completou:

— Cláudio, você sabe que a Terra é há muitos anos habitada, penso que chega a milhares de anos. Mas, se for há quatro mil anos, nesse tempo, quantas pessoas morreram? Para onde elas vão? Céu? Inferno? Esses locais então devem ser muito grandes, imensos. Onde cabem tantas pessoas? O que é uma existência de oitenta anos para depois ir para o inferno e lá viver por milhares de anos? Ou, ao contrário, oitenta anos aqui e milhares no céu? Raciocine! É que já vivemos muitas vezes num corpo de carne, e com certeza voltaremos outras tantas vezes.

O que ele disse me deixou pensativo e, quando ele me convidou para ir ao centro espírita, fui e gostei demais. Matriculei-me num grupo de estudos e fazia sempre perguntas sobre reencarnação. Concluí que eu e papai, em outra vivência, fôramos inimigos, que ele me fizera uma maldade e que, por esse motivo, eu esperava uma outra dele. Resolvi parte do meu problema. Eu fora a vítima e nesta encarnação voltamos juntos para nos reconciliar. Eu tinha medo dele porque achava que ele ia repetir a maldade.

"Talvez por esse motivo é que eu deva ficar longe dele, assim evito que papai faça uma ação indevida."

Mas ganhava pouco e estava com dezessete anos. Resolvi conversar com o senhor Joãozinho, um senhor boníssimo que cuidava da casa espírita. Ele me atendeu numa noite em que não tinham atividades. Eu contei:

— Senhor Joãozinho, não gosto do meu pai, nunca gostei. Sempre esperei que ele me fizesse uma maldade. Agora que me tornei espírita, no grupo de estudos e lendo livros, entendi a Lei da Reencarnação; penso que nós dois já estivemos juntos e ele me fez muito mal, temo que ele repita.

— Conheço seu pai — opinou o senhor Joãozinho —, com certeza afirmo que ele é uma boa pessoa, incapaz de fazer uma maldade. Ele o trata diferente? Já lhe fez alguma coisa ruim?

— Não, senhor! Meu pai nos trata todos igual. Estou contando isso para o senhor porque me sinto incomodado. Penso que, se ele me prejudicou, pode repetir.

— Cláudio — continuou o bondoso senhor me elucidando —, nós mudamos e, quando queremos, o fazemos para melhor. Não é porque erramos no passado que podemos repetir o erro. Com certeza seu pai não lhe fará mal algum. Não pense mais nisso.

Tentei não pensar, mas continuei com a sensação. Estava pensando em, com dezoito anos, ir embora para uma cidade grande. Sabia que sentiria deixar meu lar, mamãe, meus irmãos, a família, mas, ausente, evitaria de papai fazer uma ação indevida. Entendi que seria difícil.

Então tive um sonho. No sonho, eu estava na sala de nossa casa e uma mulher pegou no meu braço; eu a olhei, reparei que ela estava vestida de forma simples e tinha os cabelos presos num coque. Ela me olhou e expressou:

— Cláudio, seu inconsequente! Não foi seu pai que lhe fez maldade. Foi você! Foi você quem o prejudicou. Entendeu? Lembre-se disso!

Acordei com a sensação de que estava na sala, mas estava na minha cama. Suava e senti medo, porque parecia ter alguém perto de mim.

O sonho me perturbou, fui novamente conversar com o senhor Joãozinho, o dirigente do centro espírita. Ele me escutou atento e me explicou:

— Cláudio, vejo essa senhora que me descreveu no sonho. Ela está me dizendo que, há duas encarnações suas, ela foi sua mãe. Disse para você prestar atenção: foi você quem fez uma maldade para aquele que é seu pai atualmente. E, como você ainda não é uma pessoa esclarecida, pensa que, se fosse você a sofrer uma maldade, revidaria; está julgando o outro por você, e esse outro, no caso, é seu pai. Porém seu genitor o perdoou de fato, tanto que quis tê-lo por filho, para que houvesse uma reconciliação. Ele nunca pensou em fazer algo de ruim a você. Entendeu? Você está enganado. Foi você o inimigo dele, não ele o seu.

O senhor Joãozinho se calou e eu, surpreso, admirado, senti ser verdadeiro o recado; esforcei-me e falei:

— Entendi!

Esse "entendi" foi de compreensão; naquele momento, de fato, me tornei espírita e um bom filho.

Naquela noite, quando, após o jantar, ficamos à mesa conversando, eu perguntei para meu pai:

— Papai, o que o senhor acha que eu devo fazer? Logo farei dezoito anos.

— Seu irmão já trabalha comigo — disse papai. — O outro estuda, você pode aprender para ser carpinteiro; trabalhando bem, terá sempre trabalho.

— Quero, papai! Obrigado! O senhor é o melhor pai do mundo!

Exclamei e abaixei a cabeça, segurei o choro.

— Obrigado, Cláudio! Amo você, meu filho!

Papai carinhosamente me deu um tapinha na cabeça. De fato, naquele momento, passei a amá-lo.

Tive minha vida; se contar detalhes, talvez, daria um livro. Fui aprender para ser carpinteiro e me tornei um bom profissional; namorei, casei e tive quatro filhos. O bom nessa reconciliação é que me tornei um bom filho e o provei quando papai ficou doente, eu fiz questão de ajudá-lo. Meus irmãos também queriam cuidar dele, mas fui eu a dormir com ele. Cuidar de papai me foi gratificante, realmente uma graça. Papai desencarnou, eu sempre estive presente na vida de mamãe. Ela também fez sua passagem de plano. Tive um bom casamento, filhos bons, trabalhei bastante; sempre frequentei o centro espírita, fiz cursos, li muito, assisti palestras, fiz parte da assistência social, consertei casas sem cobrar para pessoas pobres. Vi muitas modificações, como geladeiras, fogões a gás, telefones, depois a facilidade de fazer ligações, celulares etc.

Antes, estive preocupado com o mal que papai pudesse me fazer e corri o risco de culpar o outro pelas dificuldades por que passaria; com certeza, se tivesse ido embora como pensava, minha vida teria sido muito mais difícil. De fato, é muito mais fácil pensar que foi o outro que me fez mal e não que eu o fiz. Eu não tive inimigo, mas fui um. Isso não é fácil de aceitar porque é mais fácil sermos vítimas.

Num trabalho que estava fazendo num telhado de um balcão, caí e tive inúmeras fraturas, passei dois meses no hospital; foram dias muito difíceis, em que senti muitas dores. Quando recebi alta e ia para casa, sofri um enfarto e desencarnei.

Minha desencarnação foi tranquila, desconfiei logo e tratei de me adaptar; fui ajudado pela família encarnada, que me mandava incentivos, e logo estava bem e fazendo tarefas. Realmente tudo me foi tranquilo.

Quis saber então o que acontecera para eu ter passado aquele período esperando que meu pai me fizesse uma maldade. Depois, sem detalhes, soube que fora eu a lhe fazer uma maldade e, inseguro, julgando meu pai por mim, esperava ele revidar.

Recordei. Morava numa cidade de porte grande, era comerciante, tinha uma loja que era sortida de objetos; realmente tinha um pouco de tudo, tecidos, aviamentos, objetos para casa. Tinha quatro empregados e trabalhava muito.

Uma mulher passou a ir à minha loja, comprava aviamentos para bordar e costurar. Ela me chamou atenção, era linda, educada, delicada, eu passei a atendê-la; da admiração, passei a amá-la, ou pior, apaixonei-me, senti uma perigosa paixão.

Eu a segui, vi onde morava e procurei saber tudo da vida dela. Era casada, tinha um casal de filhos; o marido era um comandante das forças defensivas da cidade, atualmente diria ser um policial. Eles eram de uma outra cidade, ele fora transferido. Aguardava ansioso pela ida dela à loja e a tratava bem. Não sabia se ela percebera meu interesse.

Eu era casado, um casamento arranjado entre nossos pais, eu nunca amara minha esposa e penso que ela também não me amava, eu nada fizera para conquistá-la. Tínhamos três filhos, dava conforto a eles, e minha esposa não me cobrava nada, não se interessava por mim ou pelo que fazia, porém era uma boa mãe.

A paixão me consumia, resolvi agir. Peguei uma linha, resolvi levar para ela e, na casa dela, me declarar. A serva abriu a porta, e eu disse para que fora; ela falou que entregaria a linha, mas eu disse que precisava saber se era aquela linha mesmo. A serva com certeza foi perguntar para sua patroa, voltou e me pediu para entrar. Ela me recebeu na sala, me disse:

— Não me lembro ter encomendado nenhuma linha.

Eu me declarei; ela se assustou e expressou:

— Senhor, sou uma mulher casada, amo meu marido, por favor, saia desta casa.

Quis abraçá-la, ela me empurrou e gritou pela empregada, que foi rápida; ela tentou se acalmar e falou:

— Acompanhe o senhor até a porta.

Saí da sala e da casa. Fiquei furioso. Era um homem bonito, muitas mulheres me cobiçavam e ela me desprezara. Ela não voltou mais à loja. Pensei e concluí que, se ela ficasse viúva, iria me querer, e eu também poderia ficar viúvo ou me separar de minha esposa. Planejei bem, segui por dias o marido dela e vi que ele, para ir ao trabalho, nas quintas-feiras, passava muito cedo por um local deserto e escuro. Aguardei-o escondido e o matei com um punhal; deixei-o ali, fugi, agi como se nada tivesse acontecido. Logo que abri a loja, comentaram o crime, não conseguiram saber quem fora. Não soube dela e não procurei saber por uns dias para não chamar atenção, somente escutava os comentários e de fato não conseguiram saber nada nem de quem o matara ou o porquê. Duas semanas depois, fui saber da viúva, da minha paixão: ela fora embora da cidade, levara somente poucas coisas, vendera o resto e entregara a casa, que já estava alugada. Disseram-me que ela enterrara o marido pela manhã e, logo após, partira e ninguém sabia para onde.

Lembrei da empregada, descobri onde ela morava e fui, durante o dia, à casa dela. A mulher se assustou ao me ver, tentei ser gentil, falei que a patroa dela me fizera uma encomenda e que queria entregar. A empregada gaguejou, disse não saber e aí eu a ameacei com uma faca. Ela disse um local. Larguei-a. Para ir ao local que ela falara, tinha de se passar por uma estrada perigosa. Duvidei:

— Ela ir com os filhos e sozinha por esse caminho?

A empregada justificou:

— Ela foi sozinha até... — falou o local. — Lá, o pai dela iria esperá-la, ele é amigo dos bandidos que atacam aquela estrada.

Fui embora; mesmo sabendo do perigo, fui atrás dela. Organizei meu comércio para me ausentar e contratei três homens, bandidos sanguinários, para ir comigo. Fomos; no caminho, fomos atacados e lutamos nós quatro contra uns vinte bandidos; matamos muitos, mas desencarnamos.

Fui para o Umbral; depois de uns dois anos, recuperei meu raciocínio e entendi que estava desencarnado. Soube de minha família; meu sogro, junto daquela que havia sido minha esposa, tomava conta da loja e meus filhos cresciam. Quis saber de minha paixão, mas não consegui achá-la, saber dela. Sofri no Umbral; foi então que a revolta acabou e me arrependi. Não consegui recordar de como saí do Umbral nem como reencarnei. Voltei ao Plano Físico, no seio de uma família pobre e com deficiência física e intelectual. Vivi doze anos muito difíceis, não recebi carinho, não fui amado e era malcuidado. Desta vez desencarnei e fui socorrido, soube do porquê de ter tido uma reencarnação assim e, nesse período que fiquei no Plano Espiritual, trabalhei, estudei e me propus a reparar as faltas ainda devidas no trabalho no bem. Minha surpresa foi que voltaria a reencarnar no lar daquele que assassinara e dela, a minha paixão. Os dois se amavam muito. Ela, naquela época, temendo o perigo, quando o marido foi assassinado, foi embora para a casa de seus pais com os dois filhos. A empregada, que gostava muito de sua ex-patroa, inventou para mim esse lugar perigoso. Os pais dela moravam longe, mas era numa cidade diferente. Os pais dela a ajudaram a criar os filhos, ela nunca mais quis se envolver com ninguém, não faltaram pretendentes; quando os filhos se casaram, tiveram suas vidas, ela cuidou de seus pais e desencarnou tranquila. Foi uma felicidade reencontrar seu amado. Ficaram juntos. Foi o casal que me procurou para dizer que haviam me perdoado e, se quisesse, poderiam ser meus pais. Foi então que recebi o nome de Cláudio.

Resgatei grande parte de meus erros encarnando com deficiências e o fiz, com o restante, pela Misericórdia de Deus, fazendo o bem. Todas as vezes que recebi um “obrigado”, um “Deus lhe pague” me sentia mais leve; de fato isso ocorre, boas ações acendem uma luzinha no nosso perispírito, e luzes apagam as manchas escuras de erros. Sou hoje um ser muito grato, profundamente agradecido.

Eis aí, Antônio Carlos, o meu caso, minha história.

Cláudio

Perguntas de Antônio Carlos

— O que você faz no Plano Espiritual?

— Trabalho em um hospital onde estão abrigados os que foram imprudentes, ex-dependentes químicos. Não tinha razão que me levasse a esse trabalho. Estava ajudando numa enfermaria de socorridos comuns quando escutei que nesse hospital faltavam trabalhadores; fui, gostei, estudei e aprendi a auxiliá-los. Fiquei e tenho feito um bom trabalho.

— Quais são seus planos para o futuro?

— Preocupo-me é com o presente, o futuro será consequência do agora. Quero, por anos, continuar nesse trabalho, para o qual está sempre faltando trabalhadores. Não tenho outros planos.

— Você sabe de sua família encarnada? Visita-os?

— Sei deles, os visito sempre que me é possível. Tenho muitos netos e minha esposa está idosa. Eles estão bem e, como todos os encarnados, têm problemas, mas, graças a Deus, nenhum sério. Eu os amo.

— E seus pais?

— São pessoas adoráveis, incríveis, eu os admiro, são exemplos. Temos trabalhos diferentes e não moramos na mesma colônia. Marcamos encontros e nos vemos. Antônio Carlos, posso contar, escrever, um fato interessante? Algo que me fez pensar, e muito?

— Por favor, nos conte, escreva.

— Como eu contei — Cláudio voltou a ditar à médium —, antes desse meu trabalho, ajudei por um tempo numa enfermaria masculina. Embora tenha muito o que fazer, procuro, sempre que posso, ouvir os socorridos; eles gostam de ser ouvidos, escutar incentivos e conselhos. Um senhor que ficou seis anos no Umbral preso numa caverna me chamou atenção; ele tentava, esforçava-se para melhorar, era grato pelo socorro e evitava dar trabalho. Tornamo-nos amigos e me surpreendi quando ele me contou o porquê de ter ficado preso no Umbral. Ele me disse: "Cláudio, não esperava desencarnar; a morte era para os outros, não para mim. Mas pensava que ia me dar bem com a morte do meu corpo. Com toda certeza fui uma daquelas pessoas que, como Jesus disse, orava para mostrar aos outros. Fiz atos errôneos. Desencarnei de repente, penso que meu coração parou. Enfarto? Talvez. Tem de haver motivos para corpo carnal parar. Fui levado para o Umbral e julgado. Sim, julgado. Não por Deus, como pensava, mas por um chefe umbralino. Tremi de medo ao ver o local e o juiz, um espírito trevoso. Diante dele, aquele ser me olhou, riu e expressou: 'Ladrão da tranquilidade e esperança!'. Quis me defender, mas não consegui falar, então esse juiz continuou: 'Quem fica com dinheiro de doação é ladrão! Mas não está sendo julgado por isso: foi ladrão de otimismo. Tirou a esperança de muitos! Ladrão de sonhos! Ficará preso! Ladrão, seu destino é a prisão. Se não ficou preso encarnado, ficará desencarnado. Podem levá-lo!'. Cláudio, sofri muito no cubículo em que fiquei, porém tive tempo para pensar. Somente me sentia melhor quando alguém orava para mim. Com o tempo, entendi que, de fato, com minha atitude, discursos e influência, fazia pessoas serem negativas, pessimistas. Colocava medo nelas, as fazia crer num Deus vingativo e cruel, que não perdoa e castiga. De fato, roubei de pessoas a crença no Deus Misericordioso. Nas nossas vivências, podemos ter problemas, dificuldades, mas sempre devemos ter fé, esperança e confiança em Deus. Chorei muito. Fui socorrido, quero ficar bem, aprender e me sentir perdoado. Cláudio, o que mais sinto agora é que as pessoas que influenciei não se sentiram lesadas ou roubadas, simplesmente se tornaram pessimistas. Isso foi cruel de minha parte".

Cláudio parou por instantes de escrever, e eu, Antônio Carlos, perguntei:

— Como está agora esse socorrido, esse senhor que lhe contou sua vivência?

— Melhorando; ele logo sairá da enfermaria, irá aprender a fazer tarefas, irá estudar, espero que ele de fato se recupere.

— Cláudio, agradeço por você ter aceitado nosso convite para nos contar sua história de vida.

— Foi uma experiência fantástica vir até a médium e escrever minha história. Eu que agradeço.

Explicação de Antônio Carlos

Infelizmente, muitas pessoas, até as que são aprendizes do bem, têm tendência a se fazer de vítima. E isso ocorre mais ainda com aquelas que estão equivocadas, ou com os maus, que costumam revidar as ofensas. No caso de Cláudio, ele anteriormente agira com maldade; errou e sofreu desencarnado e quando estava encarnado num corpo físico com deficiências.

Faço um aparte: pessoas com deficiências o são por inúmeros motivos. Não existe na espiritualidade algo rígido como: fez isso e paga assim. Para uma causa, há muitos efeitos ou, ao contrário, para um efeito, diversas causas.

Voltando à história de vida de Cláudio, ele quis ser a vítima porque é bem melhor para uma pessoa pensar que foi ela quem recebeu uma maldade do que ser ela a ter feito. Porém, como Cláudio tinha ainda no seu íntimo o revide, julgou o outro por ele, e esperava que o pai fosse lhe fazer uma maldade. Engano!, como ele mesmo expressou. Nosso convidado teve ajuda de um espírito que fora mãe dele quando ele fizera a maldade. Que ditado certo: "Mãe é mãe!". Mesmo depois de duas reencarnações dele, em que tivera outras mães, esse espírito ainda se sentia responsável por ele: mãe. Ela o alertou e Cláudio entendeu.

Não é porque se recebeu o mal de uma pessoa no passado que essa pessoa o fará novamente. Porém isso pode ocorrer, e acontece pela falta de perdão. O perdão deve fazer parte de nossas vidas.

Os pais de Cláudio nos dão um exemplo maravilhoso. Com certeza teve algum motivo para eles terem sofrido quando Cláudio assassinou aquele que, após, fora seu pai. Mas o casal continuou se amando, ficaram juntos no Plano Espiritual, reencarnaram, se reencontraram e continuam unidos e se amando. Aceitaram Cláudio por filho e o amaram. Ainda bem que, depois, nosso convidado entendeu, ao se tornar espírita. Ele foi uma boa pessoa, recebeu muitos "obrigado" e "Deus lhe pague". Quitou o resto de seus atos errôneos. O amor anula erros. O bom é que a caridade, tanto material como espiritual, anula atos indevidos. Cláudio fez isso. Ele se elevou pelo bom trabalho. Porque, para a tarefa nos elevar, nós que precisamos dar valor a ela e, para que nossas ações nos ajudem, precisamos ajudar o próximo.

Sobre o que Cláudio contou do homem socorrido, de fato existem, em certas cidades umbralinas, ainda bem que é somente em algumas, juízes. Normalmente é o chefe da cidade ou outro, que pode ser uma entidade feminina, designado para essa tarefa. O desencarnado que se designa julgador normalmente é um espírito inteligente, de conhecimento, que treinou, aprendeu a olhar para um desencarnado e ver nele tudo o que fez de errado. Há também quem aprendeu e sabe fazer isso com encarnados. No julgamento, sua atenção é voltada para erros cometidos que não foram quitados, que estiveram escondidos e que não costumam ser julgados pelos encarnados. Aí julgam. Para muitos de nós, os ladrões, principalmente para os encarnados, a justiça julga aqueles que têm a posse indevida de objetos materiais. Mas, normalmente, esses juízes querem demonstrar conhecimento e julgam atos sutis, talvez por dois motivos: atos comuns, eles também os fizeram, como assassinar, roubar bens alheios etc.; os incomuns lhes dão importância. Realmente, roubos ocorrem de outras formas, por exemplo, ocupar o tempo dos que trabalham; neste caso, estão roubando seu tempo de serviço. Tirar a alegria, a esperança, com palavras ofensivas e pessimistas. Fazer assaltos à confiança, levar pessoas à descrença, quando se rouba a crença. Levar alguém a ter desesperança. Roubar sonhos é um ato ruim. Fazer intrigas, caluniar é roubar a honra, é muito triste. Não se presta atenção a esses atos normalmente, mas esses desencarnados que se denominam "juízes" nas cidades umbralinas prestam atenção, os julgam e os condenam como ladrões. Eles têm razão; fatos como os que descrevi e que esses juízes apreciam julgar são ações que machucam, fazem sofrer, então são atos errados e alguns realmente maldosos. Porém existem remédios, como fazer as coisas difíceis com alegria e, com tranquilidade, resolver os problemas. Não a alegria que muitos confundem com risadas, mas a alegria suave de amar a si mesmo e a todos. Ser leve, otimista e agir sempre com suavidade. Não ser fanático e aceitar no outro a crença dele. Amar o que pensa ser certo, mas sem importunar. Ser disciplinado, dar exemplos, porém sem implicar com o indisciplinado. Trabalhar com alegria, entusiasmo e pensar sempre que, assim agindo, será servo, servo de Jesus.

Esse desencarnado que Cláudio citou ficou preso por seis anos, mas não foi somente pelo erro julgado, ele havia feito outros. Depois demorou para entender que errara e se arrepender, mas, quando o fez, pediu clemência, perdão a Deus, e, como o Pai Amoroso deixa sempre um filho ajudando outro, ele foi socorrido.

No Evangelho de Mateus, capítulo dezoito, versículo seis, Jesus advertiu: "O que escandalizar, porém, a um destes pequeninos que creem em mim, melhor que fora que se lhe pendurasse ao pescoço uma mó de atafona". De fato, é uma ação muito equivocada tirar a crença de alguém. Escândalo é tudo o que choca a moral e a má repercussão que ele provoca. Se faz mal, lembre que o mal é sempre mal, prejudica quem faz o ato e mais ainda o alvo dessas maldades.

É muito bom para um espírito, ao desencarnar, se sentir quite com seus erros.

Pela misericórdia do Nosso Pai Amoroso, podemos sempre anular atos equivocados. Livre dos erros, temos então as provas. Devemos provar que não faremos novamente os erros que às vezes temos em nós enraizados. Às vezes, as provas são difíceis. Mas felizes os que passam bem por elas.

Mas um aparte: desencarnados, assim como encarnados, podem aumentar sua carga de erros ou repará-los.

Capítulo 13

QUASE MORTE

Estava dirigindo, nervoso, inquieto, senti uma dor forte no peito e brequei o veículo no meio de uma rua movimentada.

— Daniel! Daniel! — escutei e apaguei.

De repente, me vi de forma estranha. Estava na sala de um hospital. Olhei tudo, me senti confuso.

Estava de pé e me vi deitado numa mesa de atendimento, era o meu corpo somente, porque eu estava num canto da sala observando.

Vi dois médicos e três enfermeiras rodeando meu corpo, os profissionais estavam atentos e faziam os procedimentos cabíveis, conversaram e colocavam aparelhos no meu corpo. Virei e vi na parede dois túneis, um claro e o outro escuro.

— *Daniel!* — escutei alguém falar ao meu lado.

Olhei e vi minha avó.

— *Vovó!* — exclamei.

Minha avó materna fora uma pessoa excepcional, sempre ajudava a todos, era muito apegada à família e aos netos. Eu a amei, concluí naquele momento que a amava. Senti muito quando ela mudou de plano.

Vovó pegou na minha mão, segurou firme e expressou:

— *Meu neto Daniel! O que está fazendo com sua vida? Com a oportunidade de estar encarnado, vestindo um corpo de carne e osso? Por que tanta inquietação? Vê esses dois túneis? O escuro é o que você poderá passar por estar tão inquieto, nervoso e revoltado. Esse luminoso é pelo qual eu vim até você, por onde passei e passo. Queria que, se você fosse passar por um deles, fosse o luminoso. Pelo qual se sente atraído?*

Olhei para os túneis, o escuro parecia me puxar, segurei com força a mão de vovó e roguei:

— *Ajude-me, vovó!*

— *Sim, ajudo. Volte para seu corpo, viva mais um tempo e não retorne para o Plano Espiritual como culpado por não ter cuidado do seu corpo físico como devia. Faça o bem, para que, quando desencarnar, seja atraído para a luz. Que Deus o abençoe!*

Embora vovó tenha falado em termos corretos e eu naquela época não soubesse o significado, compreendi que era o que aconteceria se eu morresse.

Olhei meu corpo, o coração parou de bater, com tudo arrumado, deram um choque. Um, dois...

Senti-me puxado para o corpo e, com um empurrão da vovó, entrei nele, senti isso, entrar no corpo e meu coração voltar a bater. Escutei um dos médicos.

— Deu certo! Nós o reanimamos! Graças a Deus!

Puxei o ar e senti o ar no meu pulmão. Respirei. Por momentos me vi entubado e dormi.

Acordei na Unidade de Terapia Intensiva (UTI). Uma enfermeira risonha falou comigo:

— Boa tarde, Daniel! Sente-se bem? Está tudo bem?

Fiz um gesto que sim.

Logo um médico foi me ver e me explicou:

— Senhor Daniel, você está hospitalizado, está bem agora, mas nos deu um grande susto. Se tudo continuar correndo bem, amanhã irá para um quarto e logo para casa. Teremos que fazer muitos exames, e deve escolher um cardiologista para acompanhá-lo. No horário de visita, poderá receber uma pessoa de cada vez.

Tentei sorrir agradecendo.

De fato, no horário de visita, primeiro entrou o meu pai, me beijou e disse que tudo estava arrumado: o plano de saúde fora acionado e cobriram todas as despesas. Ele saiu, minha mãe entrou e segurou o choro, me beijou; ela se esforçou muito para falar e pediu:

— Faça tudo direitinho. Seja um bom doente para sarar logo. Eu te amo!

Mamãe saiu para minha esposa entrar, ela me beijou. Todos o fizeram na testa.

— Daniel, que susto nos deu! — exclamou Marilena. — Por favor, não morra! Pense em nós, em mim e nas nossas duas filhas. Cuide-se!

Afirmei com a mão que sim. O horário da visita terminou, e eu fui levado para fazer exames. Fiz muitos. Voltei para a UTI. Uma enfermeira me limpou, ou seja, tentou me dar banho. Alimentei-me. Por causa do barulho monótono dos aparelhos e talvez por algum medicamento, dormi.

Acordei. O médico tirou o aparelho de minha boca, consegui falar, mas respondia às perguntas com monossílabos. Ali sozinho, com tempo, pensei e tirei algumas conclusões.

Sempre fora agitado, daquelas pessoas que não paravam quietas. Estudei, formei-me como técnico de contabilidade e fui trabalhar. Juntei dinheiro e recebi, após o falecimento de meus avós, uma herança em dinheiro que os dois deixaram para os netos e, com ajuda de meu pai, eu e um amigo abrimos um pequeno negócio, uma imobiliária, e fomos crescendo. Namorava Marilena desde estudante, casamos e tivemos duas filhas, que estavam, naquele momento, com oito e seis anos. Meu casamento não estava bem, eu não tinha muito tempo para a família e, quando estava no meu lar, estava nervoso e não queria conversar. As filhas e a casa ficavam para Marilena, e nós dois conversávamos pouco, nos distanciamos.

Mas não era esse o motivo do meu nervosismo. Fazia meses que meu sócio e eu estávamos nos desentendendo; ele queria comprar minha parte e, o que ele queria me pagar, achava injusto, mas eu não tinha como comprar a parte dele. Tínhamos discutido dois dias atrás, ofendemo-nos mutualmente.

"Com certeza", concluí, "estressei-me demasiadamente e o resultado foi uma 'quase morte'! Vovó! Lembro-me bem do que aconteceu. Os túneis! O conselho dela!".

No outro dia, fui para o quarto, minha esposa ficou comigo, a mãe dela ficou com as nossas filhas.

Fiz um propósito de não reclamar, ser grato, mudar a minha forma de viver e comecei ali. Segurei a mão de Marilena e expressei:

— Obrigado! Obrigado! Que bom vê-la aqui comigo!

Ela se assustou, ou melhor, admirou-se; me olhou e exclamou:

— Você, Daniel, é meu esposo! Deu-me um susto!

"'Meu esposo'", pensei, "ela não disse 'amor'. Talvez quisesse dizer que teria problemas com a viuvez!".

Sorri, beijei a mão dela e me declarei:

— Amo você, minha esposa! Amo-a! Serei, de agora para frente, mais do que um esposo para você!

Marilena enxugou as lágrimas e me beijou na testa. Ela me contou que eu perdera os sentidos enquanto dirigia, ainda bem que freara o carro. Um amigo que passava por ali, ao me ver, correu até o carro e me acudiu, chamou uma ambulância e fui levado para o hospital. Agradeci esse amigo.

Recebi alta dois dias depois, fui para casa e estava me sentindo bem. Juntos, Marilena e eu nos organizamos, tinha que fazer um regime alimentar e dormir na hora certa. Meu sócio telefonou, eu pedi para ele não ir me visitar e que, assim que me fosse possível, eu iria à imobiliária.

Conversei com minha esposa, contei a ela o que estava acontecendo na imobiliária e o que ocorrera no hospital, o encontro com minha avó e os túneis.

— Daniel, o Espiritismo pode explicar o que aconteceu com você. Eu tenho ido, quase todas as segundas-feiras, a um centro espírita aqui perto, vou com uma prima. Isso que ocorreu com você é chamado de "quase morte". Acredito que encontrou com sua avó.

Ao escutá-la, compreendi que, mesmo morando na mesma casa, estávamos tão distanciados que eu nem notava que ela ia a um centro espírita.

— Daniel, existem livros de pesquisadores não espíritas que falam sobre isso, "quase morte". Você quer lê-los? Posso pedir emprestado para minha prima.

— Quero, e também ir ao centro com você.

— O que você vai fazer, Daniel? — Marilena quis saber.

— Primeiro, ser mais presente no nosso lar, ser pai, e tentar reconquistá-la — afirmei.

— Eu o amo! Não deixei de amá-lo. — Marilena sorriu contente.

— Fica mais fácil — suspirei aliviado. — Eu a amo! Quero de fato ser seu esposo, companheiro. Vou vender a minha parte da imobiliária para meu sócio. Penso que não será nada saudável continuarmos juntos. Eu não tenho como comprar a parte dele; vendo e desfazemos a sociedade. Com o dinheiro que receberei, podemos quitar as prestações de nossa casa e trocar o seu carro; quero vender o meu, não quero mais um veículo caro, comprarei outro mais simples. Tendo alta, irei procurar um emprego, viveremos bem por meses com o dinheiro que receberei.

— Sua parte vale mais — advertiu Marilena.

— Sei — respondi —, mas valem mais agora minha saúde e ter sossego.

— Estarei ao seu lado. O importante é que fique bem.

Marilena pegou dois livros emprestados. Li-os e entendi que meu corpo esteve, por segundos, morto. Fui ao centro espírita, gostei e foi muito agradável receber o passe.

Sentindo-me melhor, fui à imobiliária, conversei com meu sócio, disse a ele que venderia minha parte. Dois dias depois, a venda foi efetivada. Ele havia arrumado tudo quando fui para o hospital, talvez pensando em comprar de minha esposa.

Fiz o planejado, quitei a casa, e as despesas diminuíram sem as prestações; vendi o meu carro, comprei outro simples e também troquei o de Marilena por outro melhor. Em casa, passei a fazer as lições da escola com as filhas e passei a conversar com todos os familiares. Minha mudança foi notada, primeiro pela minha mãe, depois pelo meu pai, sogros, irmãos. Com tempo livre, li livros espíritas e gostei demais de como os espíritas davam explicações para todas as dificuldades. Passei a ir ao centro espírita três vezes por semana. Faria isso enquanto estava afastado do trabalho.

Quando vendi minha parte da imobiliária, peguei tudo o que era meu que estava lá. Dias depois, uma secretária foi em casa, me levou uns papéis que esquecera e me contou que meu ex-sócio iria fazer um grande negócio, fora isso a causa das nossas discussões, eu era contra. Verificando os papéis, refazendo contas, percebi que meu ex-sócio me lesava.

"Se por isso eu quase morri, que fique assim. O melhor é eu viver, esquecer, perdoar e cuidar de minha vida", decidi.

Segui os conselhos de vovó. Na casa espírita, me disseram que vovó sempre se preocupara comigo e que agora ela estava contente com minhas atitudes.

Passei a consultar um cardiologista e ser um bom paciente. Tive alta e fui procurar um emprego. Arrumei logo num escritório de uma indústria.

Fui um bom empregado e logo tive promoção. Fazia bem o serviço, tinha horário e tempo para acompanhar minhas filhas e ser um bom marido.

Tive paz e me tornei um espírita estudioso; Marilena e eu participávamos das atividades da casa espírita que frequentávamos e da assistência social. Resolvi que não queria ser servido, mas servir, ser útil. Nada de ser um mendigo espiritual, mas ser doador.

Não foi fácil fazer essa mudança, tive de me policiar, esforçar-me para não reclamar, não me afobar, não ficar nervoso. De fato, fui mudando, sempre lembrava dos conselhos de vovó, e nunca esqueci de minha quase morte. E, tempos depois, não precisei me esforçar mais, passou a ser espontâneo ser aquela pessoa que planejava: pacífico, fazedor de paz.

A Doutrina de Allan Kardec, o Espiritismo, muito me ensinou e foquei muito numa frase de Jesus contida no Sermão da Montanha: "Bem-aventurados os misericordiosos, porque eles alcançarão a misericórdia", em Mateus, capítulo cinco, versículo sete. Entendi que misericordiosas são aquelas pessoas que têm caridade para com os míseros, ou seja, os necessitados, tanto do material como do espiritual. Também entendi que sempre podemos fazer o bem, esse é o melhor "treino", modo, de nos tornarmos bons. Porque ser bom é fazer o bem, e não podemos ser bons sem ser servos úteis, ativos na caridade. Então, concluí: pessoas boas são as fazedoras do bem. Assim pensando, me propus a fazer o bem, me tornei um bom colega de trabalho, aquele que estava sempre ajudando, seja nas tarefas, no particular, nas atividades sociais da casa espírita, e fiz parte de outras atividades e de outras religiões.

Estava tranquilo, muito contente, me fiz presente no meu lar, dando muita atenção às "princesas de minha vida", como chamava a esposa e as duas filhas.

Assim que vendi a minha parte na sociedade, o que fora meu sócio vendeu tudo o que ele tinha, até a casa em que morava, para fazer um empreendimento que eu fora contra. Infelizmente eu estava certo, o negócio não foi como ele planejara. Meu ex-sócio me procurou, o recebi em minha casa, e conversamos em particular.

— Daniel — queixou-se ele —, você tinha razão, esse empreendimento não deu certo. Vim aqui para que me ajude. Volte a ser meu sócio ou venha, como consultor, me auxiliar.

— Sinto por você — fui sincero —, porém não posso ajudá-lo. De fato, naquela época, analisando o empreendimento, compreendi que era muito difícil dar certo, porém não saberia como fazer agora que deu errado. Sinto, mas não aceito sua proposta. Como sócio, não tenho dinheiro, e não quero ou pretendo sair do meu emprego; lá tenho tranquilidade, horário e sossego, isto é importante para minha saúde. Depois daquela "quase morte", me tornei cardiopata. Realmente não posso ajudá-lo.

— Você tem ideia de como fazer para eu sair desse sufoco? — ele perguntou.

— Não, infelizmente não tenho. Talvez se estudasse a situação, mas não posso me sobrecarregar de tarefas.

Levantei e desejei a ele:

— Que você consiga resolver esse problema. O que posso aconselhá-lo a fazer é não se exceder, e cuide de sua saúde. Boa sorte!

No meu emprego, fazia meu trabalho do melhor modo e não tinha preocupações de patrões, como: "Irei receber?"; "Como pagar ou vender?". Ser patrão, para mim, não era fácil. Realmente, eu não tinha como ajudar aquele que fora meu sócio. Orei por ele. De fato, eu estava sempre atento à minha saúde. Quando decidi que queria seguir pelo túnel claro, passei a agir para que isso ocorresse e a cuidar bem da minha vestimenta física.

Minhas filhas se tornaram adultas: a mais velha se formou numa universidade, e a outra logo se formaria.

Numa manhã de domingo, estava sentado numa poltrona esperando Marilena para irmos a um encontro onde atendíamos famílias necessitadas de um bairro na periferia.

De repente, sempre numa desencarnação há um "de repente", meu espírito saiu do corpo, olhei minha vestimenta carnal sentada, que calmamente parou de respirar e que estava com expressão tranquila. Vi o túnel luminoso, tranquilamente me dirigi a ele e fui puxado.

Acordei num leito, estava bem acomodado. Lembrei-me do túnel e que, ao passar por ele, adormeci tranquilamente. Tive a certeza de que desencarnara.

Fui levado para uma colônia, estava me sentindo muito bem, fui acolhido e logo estava ativo, estudando e trabalhando.

Não posso deixar de escrever o tanto que sou grato à Doutrina Espírita por ter me acolhido quando estava encarnado e ter me ensinado, porque, com esse conhecimento sobre desencarnação, tudo me foi fácil. Foi uma graça de imensa misericórdia que recebi.

Tornei-me espírita depois da "quase morte".

Daniel

Perguntas de Antônio Carlos

— O que você, Daniel, faz no Plano Espiritual?

— Moro numa colônia linda, pequena, onde os moradores se conhecem. Isso é maravilhoso. Trabalho no Departamento de Pedidos: rogos e pedidos feitos por encarnados e também por desencarnados a Deus, Jesus, Maria, santos e alguns espíritos. Esses pedidos são analisados, e um trabalhador ou uma equipe de atendimento vai tentar atender esses rogos. Analiso muitos pedidos e também, em alguns, faço parte da equipe. Gosto desse trabalho, tenho planos de continuar por mais tempo nessa tarefa porque aprendo muito.

— Você tem visto sua família?

— Sim, posso sempre visitá-los e, graças a Deus, eles estão bem.

— Agradeço por ter nos contado o porquê de ter sido espírita.

— De nada. Sou grato por participar desta obra.

Explicação de Antônio Carlos

O trabalho de Daniel no Plano Espiritual é uma tarefa pouco comentada, mas muito importante. Atender rogos. De fato, é verdadeiro um dizer antigo: "as preces não ficam no chão". Pedidos são analisados, verificados, e planejam como ajudar. Daniel não escreveu, mas me contou que são muitos os pedidos que nem são analisados, como: não chover para ir a uma festa, um time esportivo ganhar e até alguns que não são bons, como a vizinha morrer ou adoecer, enviuvar, uma pessoa má ser castigada etc. Rogos sérios são analisados, como: chover numa seca etc. Porém tudo tem que seguir um plano determinado: Está previsto por algum motivo haver seca? O doente resgata seus erros de ações indevidas? Porque às vezes a reação deve acontecer, porém esses trabalhadores podem tentar dar consolo, esperança, os lembrar de orar. A ajuda não é sempre o que se pediu, mas pedidos com confiança, fé têm resposta. De fato, orações têm caminho certo. É realmente uma tarefa interessante, realizada nesses departamentos que estão normalmente em colônias.

Pedidos feitos por desencarnados normalmente são feitos para que se auxiliem outros desencarnados, normalmente são para afetos, como: para ser socorrido alguém que está no Umbral, que vaga. Também moradores do Plano Espiritual pedem que ajudem algum enfermo encarnado, para amparar um ente querido que está preso, viciado ou que sofre. De fato, são muitas as causas para rogos e auxílio.

Há muitas diversidades na espiritualidade, em vidas e nos dois planos. Embora a reencarnação seja um espírito que veste o corpo físico, isso ocorre de inúmeras formas. Com a desencarnação, também ocorre essa diversidade. Desencarnar é o espírito deixar o corpo físico. E como isso se difere!

Em muitas desencarnações, o espírito sai imediatamente do corpo físico e não entende o que lhe aconteceu; normalmente isso acontece em desencarnações violentas, acidentais. Em enfermidades longas, costumam ser tranquilas. A diferença é realmente ter ou não o merecimento de uma ajuda.

Em alguns desencarnes, os desencarnantes têm lances rápidos dos acontecimentos principais, marcantes, de sua vida encarnada, sejam bons ou ruins. Com pessoas que fizeram muitas maldades, ocorre esse fato. Outros desencarnantes veem esses túneis e por eles são puxados. Temos obras sérias de estudiosos pesquisadores encarnados sobre esses túneis, relatos de pessoas que, como Daniel, tiveram essas experiências de "quase morte".

Assim, desencarnações não são iguais, diferem bastante, a maioria passa por essa mudança sem realmente ver nada.

Daniel tem razão, recebem graças aquelas pessoas que fizeram por merecer o auxílio dos bons espíritos e, mais ainda, aqueles que retornam ao Plano Espiritual com compreensão, entendimento. Realmente, tudo fica mais fácil e é até agradável fazer essa mudança, para nós, tão importante.

Quando nós, habitantes do planeta Terra, entendermos que reencarnar e desencarnar fazem parte do ciclo da vida, que é somente uma mudança de plano, ninguém terá mais medo da morte do corpo físico, e todos darão valor a todas as fases da vida, lá no Plano Espiritual e cá no Plano Físico.

Felizes são os que já compreendem.

Capítulo 14

DEFICIÊNCIA INTELECTUAL

Embora nossos convidados sejam desencarnados, resolvi que eu, a médium que está psicografando este livro, iria participar contando por que me tornei espírita.

Fui a caçula de seis filhos. Meu pai desencarnou muito novo, deixando minha mãe, uma heroína, com os filhos. Eu estava com seis anos. Éramos de classe média alta com papai encarnado.

Desde pequena via espíritos, os escutava me pedirem para dar recados, minha avó materna o fazia mais vezes, e os recados eram para minhas tias.

Não sofri obsessões, não teve nenhum desencarnado querendo acertar contas comigo. Mas sentia medo de ver e ouvir "almas", que era como naquela época me referia aos desencarnados. Minha família era muito católica, e eu, muito religiosa. Tive duas tias e três primas freiras do lado paterno. Minha mãe nunca me chamou de "mentirosa" e não fui castigada por esse motivo. Num carinho muito grande, mamãe permitia que eu fosse dormir com ela e ainda tinha de ficar olhando para mim, com a luz acesa, quando eu sentia medo. Isso ocorria porque algum desencarnado queria, me pedia para que eu desse recado para alguém encarnado. Às vezes, a pressão era muita e eu dizia que iria dar; de fato, se eu concordasse, dava mesmo. Depois do recado, o desencarnado não me pressionava mais. Embora com esses problemas, lidava bem com esse fato, sem maiores dificuldades.

Mas algo me incomodava, e muito. Por que havia pessoas, principalmente crianças, com deficiências? A que mais pensava era a intelectual. Eu não conhecia nenhuma criança assim, somente as via de longe. Não tinha nenhum parente, vizinhos, filhos de conhecidos. Mas esse fato me incomodava profundamente.

Estudei num colégio católico, regido por freiras, e todos os anos havia retiro, dias em que deveríamos, nós, as alunas, ficar orando sem conversar. Um padre ficava na capela do colégio à disposição para quem quisesse conversar. Em todos os retiros, lá estava eu, querendo saber, ter uma explicação que me fizesse entender, pelo raciocínio, o porquê de uma criança ter deficiências. E não aceitava a resposta de que era porque os pais pecavam. Eu replicava: se era por esse motivo, então, quando essa criança fosse doada, deixada num abrigo ou orfanato, era para ela morrer, porque os pais, sem ela, não seriam castigados. Não aceitava também outra explicação que escutei muito: quando essa pessoa com deficiência morrer, irá para o céu. Inconformada, indignada, opinava:

— Deus é injusto! Fez essa pessoa nascer com deficiência e, quando ela morrer, vai levá-la para o céu. Para mim, que deu inteligência e posso usá-la para o mal, existe a possibilidade de ser julgada e ir para o inferno. Deus a privilegiou.

O fato era que eu não recebia nenhuma explicação coerente que me satisfizesse e era mandada para orar. Orava, sempre orei e o faço até hoje.

As outras diferenças existentes não me chamavam a atenção, e são muitas. Diferenças entre belos e feios, saudáveis e doentes, ricos e pobres, os que nascem em locais de paz, e outros, de guerra; são de fato inúmeras. Mas era a deficiência intelectual que me atormentava. Achando que Deus não era assim tão justo, comecei a duvidar da bondade de Deus, estava para ser ateia.

O tempo passou, estava com dezenove anos quando quis entender as outras religiões. Conversei com pessoas que seguiam outras religiões, li sobre o assunto e concluí, contente, que todas eram boas, aconselhavam a fazer o bem e a evitar o mal. Compreendi que são muitos os caminhos que nos levam a Deus.

Ao conversar com um senhor espírita e ao ouvi-lo falar sobre reencarnações, interessei-me e quis saber mais. Entendendo a Lei da Reencarnação, compreendi a imensa misericórdia de Deus, não condenando ninguém pela eternidade nem premiando outros a um céu de ociosos. As diferenças existentes entre as pessoas estavam explicadas pela reencarnação. Foi por esse motivo, pela reencarnação, que me tornei espírita e também porque, ao entender que era médium, quis aprender a ser útil com esse dom. Num centro espírita, conheci o espírito de Antônio Carlos e planejamos trabalhar juntos. Comecei com o treino de dez minutos; após, vinte minutos; até que, como atualmente, trabalhamos de três a quatro horas diárias.

Por que me tornei espírita? Respondo: pela procura para entender por que havia pessoas encarnadas com deficiências intelectuais. Compreender as diferenças existentes é entender o Criador e seu imenso amor por todas as criaturas. Um fato interessante é que, sempre que encontro uma pessoa com deficiência intelectual, ele ou ela me olha, sorri e aceita meu agrado.

Embora eu esteja nesta encarnação com mediunidade ostensiva, não me tornei espírita por esse motivo; foi por compreender, pelo raciocínio, a lei misericordiosa da reencarnação.

Hoje sou grata ao Espiritismo e à minha mediunidade porque estou aprendendo muito nesta encarnação, é o tesouro que não me será roubado, não enferrujará, que me acompanhará sempre. Porque o aprendizado é nosso, principalmente se for acompanhado com boas obras. Amo psicografar, amo meu trabalho.

Vera

Por que me tornei espírita?

Encarnado, seguia uma religião sem ser totalmente religioso, porém orava sempre. Não pensava nas diferenças existentes. Apesar de, pelo meu trabalho, ter lidado com dores alheias, vi muitos sofrimentos por doenças, não pensei nem por um momento no porquê. O corpo físico para mim, naquela época, quando encarnado, era como uma máquina que estragava e tinha ou não a possibilidade de conserto. Eu queria consertá-las. Poderia ter pensado em por que com um e com o outro não. Mas infelizmente não o fiz.

Desencarnei. Depois de anos que estava no Plano Espiritual, recebi uma visita; não o reconheci, mas senti que era um espírito querido e que era recíproco esse carinho. Ele era um ser que aproveitava suas últimas encarnações, era um mestre na vida. Ele me disse que eu, com um grupo, fizera algo errôneo no passado e que era o momento de reparar. Esse amigo me levou ao Departamento da Reencarnação, onde me recordei de algumas das minhas encarnações.

Fiquei triste com os erros, alegrei-me com os acertos e vi o fato que necessitava ser reparado.

Ao recordar, concluí que, se estivesse encarnado, com certeza me sentiria mal. As cenas foram tão reais que, por muitas delas, eu me agoniava, sorria e sentia serem verdadeiras.

O que tinha de reparar, fiquei sabendo, eram atos errados do passado com a literatura. O que aquele espírito bondoso estava organizando era esse trabalho. Nessa época, eu estando desencarnado, ditara a um médium, para que ele escrevesse artigos, e o fiz até com livros contendo ideias ateístas, de que Deus não existia. O leitor, se quiser saber mais, a história está no livro *Por que fui ateu*, que eu ditei à médium Vera.

Infelizmente, agi como obsessor e, para mim, o motivo era justo. Isso ocorre muito, obsessores julgam fazer justiça e ser merecida a sua vingança. Em encarnação anterior, eu, como médico, tinha pacientes que eram inquisidores e passei a trabalhar para eles. Era bem remunerado e, por esse trabalho, pude dar muito luxo para a família. Quis parar, para mim estava sendo horrível participar daqueles tormentos, mas a esposa não deixou que eu parasse. E, como sempre, é mais fácil colocar a culpa no outro, eu a culpei. Desencarnei e sofri muito, com perseguições e pelo remorso, então resolvi me vingar dela; a encontrei reencarnada em um corpo masculino e a fiz escrever. Queria que ela sofresse o que eu sofri, que desencarnasse e ficasse vagando e sentindo o remorso que eu senti. Se você, leitor(a) amigo(a), ler o livro citado, saberá que, infelizmente, meu objetivo deu certo, porém a vingança não me fez bem, porque nenhum obsessor tem paz ou é feliz. Anos se passaram e nós dois nos reencontramos, encarnados, ela como escravizada e eu como empregado da fazenda. Ao me ver, foi de ambas as partes aquela antipatia, uma aversão. Esse encontro está escrito no livro *Aqueles que amam*.

No Plano Espiritual, depois de mais uma encarnação minha e também outra dela, fomos chamados para uma oportunidade de reparar erros. Reencontramo-nos e muitas coisas haviam mudado, somente nos olhamos com desconfiança, mas aceitamos trabalhar juntos. Foi nos apresentado o que iríamos fazer, então estudamos e trabalhamos juntos. A amizade surgiu. O planejamento fora: ela reencarnar e eu, desencarnado, ditar a ela livros esclarecedores que ajudassem pessoas. Desta vez, elucidar os leitores de que Deus existe, é misericordioso, amoroso, justo e que sofremos pelas nossas ações equivocadas. A reencarnação é um fato, e compreendê-la é entender a vida. Ambos, Vera e eu, rogamos sempre por aqueles que outrora leram o que escrevíamos para que agora possam ler o que atualmente escrevemos e voltem a crer, a ser religiosos e entender a vida pelo raciocínio no Pai Misericordioso, que nos dá oportunidade de aceitar, reparar erros e de nos tornarmos pessoas boas fazendo o bem.

Ela, desencarnada, se preocupou com como iria procurar ajuda para encaminhá-la para trabalhar com a mediunidade quando estivesse encarnada. Tivemos uma ideia: a reencarnação. Para isso, fixou muito a deficiência intelectual. Deu certo, porém eu às vezes a fazia lembrar.

Começamos a trabalhar juntos em março de 1981; o planejamento era que treinássemos por dez anos, mas foram nove anos para escrever o primeiro livro. Ela não sabia do nosso envolvimento. Sabia que fora um escritor ateu, porque espontaneamente se recordou de algumas de suas encarnações. Ao se recordar desse fato, entristeceu-se, e eu a instruí: "Tristeza não paga dívidas, o fazemos com o trabalho edificante". Vera optou pelo trabalho. Ambos, ela e eu, fortalecemos a paciência com o treino. E, nesse período, ambos aprendemos muito, conhecendo várias formas de trabalhar com a mediunidade, porque, pelo emprego do marido dela, mudavam muito de cidade.

Para Vera, nós dois não havíamos ainda nos encontrado. Ela afirmava convicta que era a primeira vez em que havíamos nos encontrado e que não tínhamos reencarnado juntos.

Já tínhamos livros escritos, íamos começar outro, quando Vera começou a se lembrar de uma cena, e essa lembrança era forte. Lembrou-se de ela recebendo chicotadas nas costas, às vezes era tão intensa essa recordação que sentia como se o sangue escorresse pelo seu corpo, ouvia o barulho do chicote. Ela se encabulou, entristeceu-se e pensou: "Eu chicoteei alguém. Quem será?".

Um desencarnado incomodado com o nosso trabalho, incumbido de nos separar, pesquisou nossas encarnações e descobriu que nós dois havíamos sido desafetos no passado e tentou fazê-la lembrar. O plano dele era fazer nós dois nos desentendermos, ele já havia feito isso antes. Não é muito difícil fazer pessoas se desentenderem. Com amigos é mais complicado, mas não é impossível. Só que, quando a amizade é verdadeira, pode, por um tempo, ficar abalada, mas floresce novamente. Então eu optei por contar a ela o que já tínhamos vivido, falei que fora eu a chicoteá-la. Contei tudo, e ela escutou atenta; depois deu um longo e aliviado suspiro e exclamou: "Graças a Deus! Não fui eu quem chicoteou ". Olhou para mim, sorriu e afirmou: "Amigos, amigos. O senhor é como meu pai. Nada abala nossa amizade!" . Eu chorei aliviado. Olhei para o desencarnado, que estava ali escutando e torcendo para um desfecho de discórdia, então ele abaixou a cabeça e saiu. Soube que ele, depois de alguns dias, pediu abrigo num posto de socorro.

Íamos fazer um livro, mas optamos então por escrever *Por que fui ateu*.

Quando começamos a trabalhar, Vera era nova, e eu, aparentando sessenta anos, tenho os cabelos brancos. O tempo passou, continuo com a mesma aparência e ela envelheceu. Estar no Plano Espiritual tem suas vantagens.

Anos vão passando e nós dois trabalhando. Vera tem um ditado de que gosta muito: "Fazendo, fazendo é que um dia se poderá dizer: feito!". Com certeza teremos o término do nosso trabalho, isso ocorrerá como está planejado. Vera e eu temos motivos para trabalhar juntos. Erramos, sofremos e estamos tendo a oportunidade de reparar pelo trabalho. Realmente temos motivos para eu ditar e ela psicografar. Eu faço esse intercâmbio somente com ela e, quando minha amiga voltar ao Plano Espiritual, devo reencarnar. É a vida: vai e volta ou vem e retorna.

A resposta da pergunta "por que me tornei espírita" é a mesma: pela reencarnação. Mas foi em espírito que me tornei espírita. Foi após recordar de algumas das minhas encarnações, então procurei estudar as religiões que aceitam essa maravilhosa graça de Deus para conosco: a reencarnação. Encontrei-me na Doutrina Espírita, estudei as obras de Allan Kardec, li muito sobre o assunto. Muitos desencarnados têm conhecimento da reencarnação, mas não dão importância, não se tornam espíritas. Temos o livre-arbítrio para orar e decidir como orar, ler o que quiser ou continuar crendo, às vezes, no que acreditávamos quando encarnados. Lembro que o socorro e o bem-estar na Espiritualidade ocorrem por merecimento, por termos sido bons e feito o bem.

Sou espírita, kardecista, estudo muito e me esforço para colocar em prática o que aprendo.

O carinho que recebemos pelo nosso trabalho está sempre nos fortalecendo e, gratos, reconhecemos a imensa misericórdia de Deus na oportunidade de reparar faltas, erros.

Amo o que faço. Amo escrever os livros e ditar à médium Vera; o resultado do nosso trabalho pertence a Jesus, Nosso Mestre Maior. Alegria!

Antônio Carlos